学前体育与活动设计

主　编　周军华

副主编　张玉娟　徐　桑

参　编　霍文杰　易元方程　范志卓　颜美珍

　　　　李　琼　曾建兵　黄丽琳

北京理工大学出版社

BEIJING INSTITUTE OF TECHNOLOGY PRESS

图书在版编目（CIP）数据

学前体育与活动设计 / 周军华主编 . -- 北京：北
京理工大学出版社，2024. 8.

ISBN 978-7-5763-4429-5

Ⅰ. G613.7

中国国家版本馆 CIP 数据核字第 2024HD4490 号

责任编辑： 龙　微　　　　**文案编辑：** 邓　洁

责任校对： 刘亚男　　　　**责任印制：** 施胜娟

出版发行 / 北京理工大学出版社有限责任公司

社　　址 / 北京市丰台区四合庄路 6 号

邮　　编 / 100070

电　　话 / （010）68914026（教材售后服务热线）

　　　　　　（010）63726648（课件资源服务热线）

网　　址 / http://www.bitpress.com.cn

版 印 次 / 2024 年 8 月第 1 版第 1 次印刷

印　　刷 / 定州市新华印刷有限公司

开　　本 / 787 mm × 1092 mm　1/16

印　　张 / 10.5

字　　数 / 216 千字

定　　价 / 79.00 元

前　言
PREFACE

　　习近平总书记在党的二十大报告中强调："全面贯彻党的教育方针,落实立德树人根本任务,培养德智体美劳全面发展的社会主义建设者和接班人。"习总书记说"体育运动要从娃娃抓起,德智体美劳要全面发展"。因此,我们要进一步加强学前儿童体育健康教育,充分发挥学前儿童体育"以体育人"价值,聚焦体育对学前儿童健康体魄、健全人格的塑造,以更青春、更生动、更活泼的宣传形式,引导学前儿童关注体育、参与体育、爱好体育,帮助他们在体育锻炼中享受乐趣、增强体质、健全人格、锤炼意志,在体育锻炼中弘扬中华体育精神,明确体育强国建设目标,加快体育强国、健康中国建设。

　　本书结合学前教育专业岗位需求,遵循学前儿童身心发育特点,按照幼儿园日常教学安排,分别从教学内容选择、教学方式优化等方面进行设计与改编,形成了涵盖体育与健康理论、基本体育技能锻炼、基本体育技能活动设计与教学、幼儿园体育活动示例等六大学习模块,主要内容包括了依据与保障、速度与力量、平衡与协调、趣味与灵敏、游戏与竞赛及过程与方法。

　　本书以任务化为驱动,采用线上线下混合式教学设计,除了日常线下课堂教学外,学生还能通过线上学习达到对动作原理、动作概念的初步掌握及课后的及时巩固与提高,形成双向驱动,有助于体育技能的全面掌握;并且与幼儿园合作开发内容,加入大量幼儿园体育活动元素,引入与幼儿园合作开发的各种体育活动案例,从而让学生在学习过程中对幼儿体育有了更加深刻的理解和直观感受,进一步促进了理论学习与实践教学的紧密结合,有利于学生体育教学能力的提高。本书还安排了教学案例、知识链接、扩展资料等,给教材使用者提供了更大范围的学习参考空间;同时,书中还通过多种形式将习近平新时代中国特色社会主义思想、中华体育精神、中国优秀传统文化精神的传播作为教学目的,与课堂教学进行有效的深度融合,达到润物细无声的价值引领效果,积极响应了国家对于课程思政的要求。

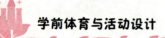

在编写本教材的过程中，我们参考、借鉴了很多专家、学者的相关书籍、文章，对于引用的文字、段落尽可能逐一列出，在此向各位专家、学者表示感谢！由于编者水平有限，书中难免有疏漏之处，望广大读者不吝赐教！

编　者

目 录
CONTENTS

模块一
依据与保障

| 项目一 | 体育与健康 |

学习目标

知识目标：了解健康的定义、体育和学前体育的定义。

能力目标：形成正确的健康观，养成良好的生活习惯，能进行自我健康管理和评价。

素质目标：树立青年大学生建设健康中国、体育强国的意识，培养终身体育锻炼的习惯，弘扬中华体育精神。

一、体育的定义

体育是人类社会发展中，依据生产和生活的需要，遵循人体身心发展规律的前提下，以身体练习为基本手段，达到增强体质，提高运动技能水平，开展思想品德教育，丰富文化生活而进行的一种有目的的、有意识的、有组织的社会活动，是伴随着人类社会发展而逐步建立和发展起来的一个知识领域。

体育的概念有广义和狭义之分。广义的体育也叫体育运动，是以身体练习为基本手段，以增强人的体质，促进人的全面发展，丰富社会文化生活和促进精神文明为目的的一种有意识、有组织的社会活动。它是社会文化的一个部分，其发展受社会政治、经济的影响，并在一定程度上为社会政治和经济的发展服务。广义的体育包括体育教育、竞技体育和群众体育锻炼等。狭义的体育一般指体育教育，是一个传授体育运动知识、运动技能，培养良好精神品质的教育过程，是对人体进行培育和塑造的过程，是教育的重要组成部分，是培养人全面发展的一个重要方面。

学前体育是指在遵循学前儿童身体、心理发育基本规律的基础上进行的，以促进学前儿童身体发育健康、养成良好行为习惯、塑造良好个性品质等所进行的一系列以身体活动为主的教育活动。学前儿童体育教育是幼儿教育的重要组成部分。《中华人民共和国体育法（修订草案）》第三十四条指出，幼儿园应当为学前儿童提供适宜的室内外活动场地和体育设施、器材，开展符合学前儿童特点的体育活动。

二、健康的定义

健康（healthy），是对个体状态的一种描述。传统的健康观是"无病即健康"。过去，人们普遍认为，没有病，不打针、不吃药就代表健康。早期的人类社会生产力低下，物质基础薄弱，科技水平低。所以，自然以没有生病就是健康为理念，这是一种纯自然的生态基础。但是，随着人类社会的不断发展，以及物质水平、科学技术水平、医疗水平的提高，人们对健康的理解也逐渐深入、全面。20世纪30年代，美国健康教育专家鲍尔（W. W. Bauer）认为，"健康是人们身体、心情和精神方面都自觉良好、活力充沛的一种状态"。1948年，世界卫生组织（WHO）提出"健康不仅是躯体没有疾病，还要具备心理健康、社会适应良好和有道德"。

因此，现代的健康内容包括躯体健康、心理健康、社会健康、道德健康等。1988年，WHO总干事马勒博士强调，即使健康不代表一切，但失去了健康，便丧失了一切。

三、健康的特征

健康具有整体性、动态性、客观性、主观性和调适性这五个特征。

1. 健康的整体性

健康的整体性是指人体的身心发展看成一个整体，并使他们在教育中逐渐成为德、智、体、美、劳全面发展的人。人体健康的整体性包括身体健康、心理健康和良好的社会适应能力。对健康概念的认识发生变化后，人们认识到不能只从生物学的角度去理解健康，还应关注心理学因素和社会学因素，从人与环境之间、心与身之间的整体关系层面去研究健康。

2. 健康的动态性

健康的动态性是指机体从健康至不健康或从完好至疾病连续上所呈现出的状态，而此过程中存在许多变化。健康与疾病之间并不一定存在明确的界限，个体表面上不生病也不等于健康，因为人体内可能潜伏着病理性缺陷或其他方面的功能不全。因此，现代医学提出了"亚健康"（又称"第三状态"或"灰色状态"）的概念，即机体虽无明显或明确的疾病，却呈现出活力下降、代谢缓慢、生理功能低下的状态，而且人们极有可能从亚健康状态发展出各种疾病。

健康状态的动态性由高到低划分为四种水平：第一，理想的或希望的状态；第二，所谓的或者真实的健康状态；第三，亚健康状态；第四，健康障碍。这四种健康状态之间既是相互联系的，又是可逆的。如果人们能准确地把握自身不断变化的身心状态，就有助于防患于未然，使机体转向更为理想的健康状态。健康具有动态性的特点表明，人的健康状况是一种动态的过程，而非静止的状态。一方面，每个人的健康状况与特点并非完全一致，而是因人而异的；另一方面，即使是同一个体，在不同年龄阶段、不同时期、甚至每时每刻，其健康状况也会发生变化。正因为如此，我们在评价和衡量人体是否健康的时候，应该充分地考虑到年龄特点及个体差异性，做到"既注重同一年龄阶段发展的共性，又要针对每个个体的具体情况因材施教"，使每个个体都能在原有的水平上、在身心方面得到最大限度的发展。

3. 健康的客观性

健康的客观性是指健康可以运用一定的客观指标加以衡量，如形态指标、生理指标、身体素质指标、社会健康指标、营养指标等。目前，随着对心理健康研究的深入，对个体心理是否健康的把握也越来越趋向客观，如衡量个体心理健康的主要标志——认知发展是否正常、情绪反应是否适度、人际关系是否融洽、性格特征是否良好等，都可以通过越来越客观的测试加以评定。

4. 健康的主观性

健康的主观性是指个人对自己健康的主体感觉。健康的主观性特别强调健康的自我知觉，突出的是健康的心理层面。

5. 健康的调适性

身体健康的人能够较好地适应身体内外环境，有效地应对各种威胁身体的挑战。他们不是消极被动地接收外界环境，而是积极地去适应周围的生活环境，对疾病进行有效抵抗。根据微生物学家勒内·杜博斯的观点可知，真正的健康"不仅指个体在当时能适应良好，同时也应具备抵抗未来的力量，如体内已有某些传染抗体的儿童比起无抗体保护的儿童更健康"。

四、健康的标准及评价

（一）健康标准

世界卫生组织规定了十个健康标准。

（1）精力充沛，能从容不迫地应付日常生活的压力而不感到过分紧张，可以从事自己渴望做的一切工作。

（2）处事乐观，态度积极，乐于担责，严于律己，宽以待人。

（3）应变能力强，能够较好地适应环境的各种变化。

（4）对于一般感冒和传染病有抵抗能力。

（5）体重标准，身体均称，站立时身体各部位协调。

（6）眼睛明亮，反应敏捷，无炎症。

（7）头发有光泽，无头屑或较少。

（8）牙齿清洁，无龋齿，无疼痛，牙龈色正常，无出血现象。

（9）肌肉、皮肤有弹性，走路感觉轻松。

（10）善于休息，睡眠好。

（二）健康的评价

健康评价的内容比较广泛，不仅涉及不同层次、不同对象，也包括对身体、心理、个性、知识、态度等内容的评价。对不同个体来说，健康评价的意义不同，目的也不同。

1. 体质评价

根据在校大学生的具体情况，主要采用体格、体形、身体姿势、身体素质的体质评价和心理健康评价。2014年7月18日，教育部、国家体育总局颁布实施了《国家学生体质健康标准》，其主要是从体质方面对学生进行健康评价。该标准从身体形态、身体机能和身体素质等方面综合评定学生的体质健康水平，是促进学生体质健康发展、激励学生积极进行身体锻炼的教育手段，是国家学生发展核心素养体系和学业质量标准的重要组成部分，是学生体质健康的个体评价标准。大学生群体的测试内容主要包括体重、身高、肺活量、50米跑、800米或者1000米、立定跳远、引体向上、坐位体前屈、仰卧起坐等。

（1）《国家学生体质健康标准》单项指标与权重（表1-1）。

表1-1　《国家学生体质健康标准》单项指标与权重

测试对象	单项指标	权重 /%
大学各年级学生	体质指数 /BMI	15
	肺活量	15
	50米跑	20
	坐位体前屈	10
	立定跳远	10
	引体向上（男）/1分钟仰卧起坐（女）	10
	1000米跑（男）/800米跑（女）	20

注：体质指数（BMI）＝体重（kg）÷身高^2（m^2）

（2）《国家学生体质健康标准》评分表体质指数单项评分表（表1-2）。

①大学男生、大学女生单项指标评分表（表1-3和表1-4）。

表1-2　《国家学生体质指数单项评分表》评分表　　　　单位：千克·米⁻²

等级	单项得分	大学/男生	大学/女生
正常	100	17.9~23.9	17.2~23.9
低体重	80	≤ 17.8	≤ 17.1
超重	18.2~20.3	—	—
肥胖	60	≥ 28.0	≥ 28.0

表1-3　大学男生单项指标评分表

得分	项目												
	肺活量		50米跑		坐位体前屈		立定跳远		引体向上		耐力跑	
	大一大二	大三大四	大一大二	大三大四	大一大二	大三大四	大一大二	大三大四	大一大二	大三大四	大一大二	大三大四
100	5040	5140	6.7	6.6	24.9	25.1	273	275	19	20	3′17″	3′15″
95	4920	5020	6.8	6.7	23.1	23.3	268	270	18	19	3′22″	3′20″
90	4800	4900	6.9	6.8	21.3	21.5	263	265	17	18	3′27″	3′25″
85	4550	4650	7.0	6.9	19.5	19.9	256	258	16	17	3′34″	3′32″
80	4300	4400	7.1	7.0	17.7	18.2	248	250	15	16	3′42″	3′40″
78	4180	4280	7.3	7.2	16.3	16.8	244	246			3′47″	3′45″
76	4060	4160	7.5	7.4	14.9	15.4	240	242	14	15	3′52″	3′50″
74	3940	4040	7.7	7.6	13.5	14.0	236	238	—	—	3′57″	3′55″
72	3820	3920	7.9	7.8	12.1	12.6	232	234	13	14	4′02″	4′00″
70	3700	3800	8.1	8.0	10.7	11.2	228	230	—	—	4′07″	4′05″
68	3580	3680	8.3	8.2	9.3	9.8	224	226	12	13	4′12″	4′10″
66	3460	3560	8.5	8.4	7.9	8.4	220	222			4′17″	4′15″
64	3340	3440	8.7	8.6	6.5	7.0	216	218	11	12	4′22″	4′20″
62	3220	3320	8.9	8.8	5.1	5.6	212	214			4′27″	4′25″
60	3100	3200	9.1	9.0	3.7	4.2	208	210	10	11	4′32″	4′30″
50	2940	3030	9.3	9.2	2.7	3.2	203	205	9	10	4′52″	4′50″
40	2780	2860	9.5	9.4	1.7	2.2	198	200	8	9	5′12″	5′10″
30	2620	2690	9.7	9.6	0.7	1.2	193	195	7	8	5′32″	5′30″
20	2460	2520	9.9	9.8	-0.3	0.2	188	190	6	7	5′52″	5′50″
10	2300	2350	10.1	10.0	-1.1	-0.8	183	185	5	6	6′12″	6′10″

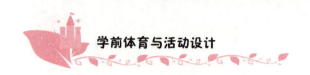

表 1-4 大学女生单项评分表

得分	项目												
	肺活量		50 米跑		坐位体前屈		立定跳远		引体向上		耐力跑	
	大一大二	大三大四	大一大二	大三大四	大一大二	大三大四	大一大二	大三大四	大一大二	大三大四	大一大二	大三大四
100	3400	3450	7.5	7.4	25.8	26.3	207	208	56	57	3′18″	3′16″
95	3350	3400	7.6	7.5	24.0	24.4	201	202	54	55	3′24″	3′22″
90	3300	3350	7.7	7.6	22.2	22.4	195	196	52	53	3′30″	3′28″
85	3150	3200	8.0	7.9	20.6	21.0	188	189	49	50	3′37″	3′35″
80	3000	3050	8.3	8.2	19.0	19.5	181	182	46	47	3′44″	3′42″
78	2900	2950	8.5	8.4	17.7	18.2	178	179	44	45	3′49″	3′47″
76	2800	2850	8.7	8.6	16.4	16.9	175	176	42	43	3′54″	3′52″
74	2700	2750	8.9	8.8	15.1	15.6	172	173	40	41	3′59″	3′57″
72	2600	2650	9.1	9.0	13.8	14.3	169	170	38	39	4′04″	4′02″
70	2500	2550	9.3	9.2	12.5	13.0	166	167	36	37	4′09″	4′07″
68	2400	2450	9.5	9.4	11.2	11.7	163	164	34	35	4′14″	4′12″
66	2300	2350	9.7	9.6	9.9	10.4	160	161	32	33	4′19″	4′17″
64	2200	2250	9.9	9.8	8.6	9.1	157	158	30	31	4′24″	4′22″
62	2100	2150	10.1	10.0	7.3	7.8	154	155	28	29	4′29″	4′27″
60	2000	2050	10.3	10.2	6.0	6.5	151	152	26	27	4′34″	4′32″
50	1960	2010	10.5	10.4	5.2	5.7	146	147	24	25	4′44″	4′42″
40	1920	1970	10.7	10.6	4.4	4.9	141	142	22	23	4′54″	4′52″
30	1880	1930	10.9	10.8	3.6	4.1	136	137	20	21	5′04″	5′02″
20	1840	1890	11.1	11.0	2.8	3.3	131	132	18	19	5′14″	5′12″
10	1800	1850	11.2	11.2	2.0	2.5	126	127	16	17	5′24″	5′22″

②加分指标男生引体向上评分表（表1–5）。

表1–5 男生引体向上评分表 单位：次

项目	男生				女生			
	引体向上		1000米跑		800米跑		1分钟仰卧起坐	
加分	大一 大二	大三 大四	大一 大二	大三 大四	大一 大二	大三 大四	大一 大二	大三 大四
10	10	10	–35″	–35″	–50″	–50″	13	13
9	9	9	–32″	–32″	–45″	–45″	12	12
8	8	8	–29″	–29″	–40″	–40″	11	11
7	7	7	–26″	–26″	–35″	–35″	10	10
6	6	6	–23″	–23″	–30″	–30″	9	9
5	5	5	–20″	–20″	–25″	–25″	8	8
4	4	4	–16″	–16″	–20″	–20″	7	7
3	3	3	–12″	–12″	–15″	–15″	6	6
2	2	2	–8″	–8″	–10″	–10″	4	4
1	1	1	–4″	–4″	–5″	–5″	2	2

注：1000米跑、800米跑均为低优指标，学生成绩低于单项评分100分后，以减少的秒数所对应的分数加分。

（3）学前儿童健康评价。

针对学前儿童，国家根据学前儿童身心发育特点制订了《3~6岁儿童学习与发展指南》，其中分别对3~4岁、4~5岁、5~6岁三个年龄段末期幼儿的健康可以发展到什么水平提出了合理期望，指明了幼儿体育锻炼学习与发展的具体方向，以促进幼儿身心全面和谐发展，见表1–6。

表1–6 学前儿童健康评价表

年龄 指标	3~4岁	4~5岁	5~6岁
身体形态	1.身高和体重适宜。 参考标准： 男孩，身高：94.9~111.7厘米；体重：12.7~21.2千克。 女孩，身高：94.1~111.3厘米；体重：12.3~21.5千克。 2.在提醒下能自然坐直、站直	1.身高和体重适宜。 参考标准： 男孩，身高：100.7~119.2厘米；体重：14.1~24.2千克。 女孩，身高：99.9~118.9厘米；体重：13.7~24.9千克。 2.在提醒下能保持正确的站、坐和行走姿势	1.身高和体重适宜。 参考标准： 男孩，身高：106.1~125.8厘米；体重：15.9~27.1千克。 女孩，身高：104.9~125.4厘米；体重：15.3~27.8千克。 2.经常保持正确的站、坐和行走姿势

指标 \ 年龄	3~4 岁	4~5 岁	5~6 岁
情绪控制、个性特征	1. 情绪比较稳定，很少因一点儿小事哭闹不止。 2. 有比较强烈的情绪反应时，能在成人的安抚下逐渐平静下来	1. 经常保持愉快的情绪，不高兴时能较快缓解。 2. 比较强烈的情绪反应时，能在成人的提醒下逐渐平静下来。 3. 愿意把自己的情绪告诉亲近的人，一起分享快乐或求得安慰	1. 经常保持愉快的情绪。知道引起自己某种情绪的原因，并努力缓解。 2. 表达情绪的方式比较适度，不乱发脾气。 3. 能随着活动的需要转换情绪和注意力
与人交往能力	在他人的帮助下能较快适应集体生活	换新环境时较少出现身体不适。能较快适应人际环境中发生的变化。如换了新老师能较快适应	能较快融入新的人际关系环境。若换了新的幼儿园或班级能较快适应
身体动作发展水平（具有一定的平衡能力，动作协调、灵敏）	1. 能沿地面直线或在较窄的低矮物体上走一段距离。 2. 能双脚灵活交替上下楼梯。 3. 能身体平稳地双脚连续向前跳。 4. 分散跑时能躲避他人的碰撞。 5. 能双手向上抛球	1. 能在较窄的低矮物体上平稳地走一段距离。 2. 能以匍匐、膝盖悬空等多种方式钻爬。 3. 能助跑跨跳过一定距离，或助跑跨跳过一定高度的物体。 4. 能与他人玩追逐、躲闪跑的游戏。 5. 能连续自抛自接球	1. 能在斜坡、荡桥和有一定间隔的物体上较平稳行走。 2. 能以手脚并用的方式安全地爬攀登架、网等。 3. 能连续跳绳。 4. 能躲避他人滚过来的球或扔过来的沙包。 5. 能连续拍球
身体素质水平（具有一定的力量和耐力）	1. 能双手抓杠悬空吊起 10 秒左右。 2. 能单手将沙包向前投掷 2 米左右。 3. 能单脚连续向前跳 2 米左右。 4. 能快跑 15 米左右。 5. 能连续行走 1 千米左右（途中可适当停歇）	1. 能双手抓杠悬空吊起 15 秒左右。 2. 能单手将沙包向前投掷 4 米左右。 3. 能单脚连续向前跳 5 米左右。 4. 能快跑 20 米左右。 5. 能连续行走 1.5 千米左右（途中可适当停歇）	1. 能双手抓杠悬空吊起 20 秒左右。 2. 能单手将沙包向前投掷 5 米左右。 3. 能单脚连续向前跳 8 米左右。 4. 能快跑 25 米左右。 5. 能连续行走 1.5 千米以上（途中可适当停歇）

注：为《3~6 岁儿童学习与发展指南》健康领域部分内容。

2. 心理健康评价

随着现代社会竞争压力的增加，心理问题或者疾病也成为影响人们健康的重要因素之一。检测与预防心理疾病，保持良好的心理健康水平是关乎人们生活质量的一个不可忽视的重要方面。人的心理健康由人的智力、性格、心理适应能力和人际关系处理能力等组成。

3. 健康的自我评价

健康的自我评价是一种重要的评价方式，是指人们通过健康自我评价，能在一定程度上进行健康的自我检测，促进自我发展、自我完善，保持和促进个体的身心健康水平。

（1）年龄。

每年得1分，如果60岁就得60分。

（2）体重。

正常体重值等于身高减105厘米，超过标准每千克减5分，低于标准每千克加5分。例如，身高170厘米，体重75千克，得负25分。

（3）吸烟。

不吸烟者得30分，每天吸1根烟减1分。若每天吸1盒烟，则减去20分。

（4）耐力。

如果每天从事耐力有氧体育活动（健身走、慢跑、游泳、骑自行车、跳舞等）得30分。如果每周参加4次体育活动加15分。如果不从事任何耐力性活动就减10分。如果很少参加任何体育运动或者体力劳动，就减20分。

（5）安静时脉搏。

每分钟低于90次，每少搏1次得1分。例如，每分钟脉搏为76次，得14分。

（6）运动后脉搏。

慢跑2分钟后休息4分钟。例如，脉搏率恢复到安静时水平，得30分，如若比安静时多10次，得20分，多15次得10分，多20次得0分。

通过以上检测，如果总分少于20分，说明要特别重视健康状况，须就医诊治；如果总分得2分，要注意控制体重和饮食，限制吸烟、增加运动量；总分在60~100分，说明健康状况良好，可以更多地参加体育运动；如果超过100分，说明健康状况非常好。

思考题

1. 什么是体育？
2. 什么是健康？
3. 健康有哪些特征？
4. 健康评价主要从哪些方面进行测评？

知识链接

《体育强国建设纲要——战略目标》

到 2035 年，形成政府主导有力、社会规范有序、市场充满活力、人民积极参与、社会组织健康发展、公共服务完善、与基本实现现代化相适应的体育发展新格局，体育治理体系和治理能力实现现代化。全民健身更亲民、更便利、更普及，经常参加体育锻炼人数比例达到 45% 以上，人均体育场地面积达到 2.5 平方米，城乡居民达到《国民体质测定标准》合格以上的人数比例超过 92%；青少年体育服务体系更加健全，身体素养显著提升，健康状况明显改善；竞技体育更好、更快、更高、更强，夏季项目与冬季项目、男子项目与女子项目、职业体育与专业体育、"三大球"与基础大项等实现均衡发展，综合实力和国际影响力大幅提升；体育产业更大、更活、更优，成为国民经济支柱性产业；体育文化感召力、影响力、凝聚力不断提高，中华体育精神传承发扬；体育对外和对港澳台交往更活跃、更全面、更协调，成为中国特色大国外交和"一国两制"事业的重要方面。

到 2050 年，全面建成社会主义现代化体育强国。人民身体素养和健康水平、体育综合实力和国际影响力居于世界前列，体育成为中华民族伟大复兴的标志性事业。

项目二　生理学基础

学习目标

知识目标： 了解体育运动对人体生理机能的影响，熟悉学前儿童的生理特点。

能力目标： 能根据学前儿童身体的发育特点科学地开展体育活动设计与指导。

素质目标： 树立青年大学生健康第一的锻炼理念，做到尊重科学、科学锻炼。

一、体育锻炼对人体的影响

（一）体育锻炼对人体运动系统的影响

1. 运动对骨骼的影响

体育锻炼时，人体中大部分血液分配到运动系统中，骨骼的血液供给得到改善，经过长期系统的体育锻炼，在运动外力作用下，使骨密质增厚，使骨小梁的排列更加整齐且有规律，骨骼表面肌肉附着的突起更加明显，使骨骼变得更加粗壮、坚固，从而提高骨骼的抗压、抗弯等方面的能力；同时，体育运动可以提高关节的牢固性、增强关节灵活性等。

2. 运动对肌肉的影响

体育锻炼可以改变骨骼肌的肌肉线条、提高肌肉力量等。进行不同项目、不同强度的体育锻炼对人体骨骼肌产生的影响也不同。长期从事中低强度的有氧运动，人体的体脂成分可以减少，塑造出理想的肌肉线条；从事较大强度的力量型运动可以增加骨骼肌的体积。

（二）体育锻炼对心血管系统的影响

经常进行合理的体育锻炼，人体心血管系统的形态、功能等可以产生持久的适应性反应，从而提高人体的运动能力。在运动过程中，由于能力消耗和代谢的增加，人体血液循环加速、心脏工作量便会增加，从而使心肺功能得到锻炼和提高。长期从事系统性锻炼的个体，会出现心肌纤维增粗，心脏增大，心输出量增多等适应性变化。从事速度爆发性项目的个体以左心室壁增厚为主，从事耐力性运动的则以心室腔扩大为主，称为运动性心肌肥大，这是心脏对体育锻炼或运动训练生理适应的结果，并且，对于运动水平越高的人，这种变化越明显。除了对心脏形态的影响外，进行体育锻炼还可以改变血管在器官内的分布、使心肌的毛细血管数量增加、显著降低血脂含量、降低血压、延缓肌纤维退化等。

（三）体育锻炼对呼吸系统的影响

1. 运动对呼吸系统的影响

长期进行体育锻炼可以使人体呼吸肌产生适应性的变化，主要表现为骨性胸廓发达，胸围增大，既加大了从肺内部向外排气的量，又为肺内充满较多的气体提供了空间条件；在运动过程中，随着运动强度的增加，呼吸肌得到锻炼，呼吸肌变得更加发达且力量增加；同时，由于呼吸与运动的协调配合，肺在进行定量工作时，呼吸功能可表现出节省化现象，能保持较长时间工作能力不下降，从而适应和满足较强烈的运动对呼吸系统的要求。

2. 运动中的呼吸方法

在运动过程中，要注意呼吸方式与运动动作、强度、次数的配合，合理的呼吸方式有助于运动动作的完成；同时，提高呼吸系统的功能。呼吸方式主要有三种，即胸式呼吸、腹式呼吸和混合式呼吸。在一定生理范围内，深而慢的呼吸节奏要好于快而浅的呼吸节奏。

（1）注意呼吸深度和频率。

在运动过程中，随着运动的持续进行，机体的需氧量会逐渐增加，这时可以通过加深呼吸深度和呼吸频率来满足需求，如果单纯性依靠加快呼吸频率，则会产生胸闷、呼吸困难等不适反应，这是运动初学者常会出现的问题。

（2）注意呼吸与技术动作的配合。

在运动过程中，呼吸形式、时间、频率、深度等，应根据技术动作的变化进行调整，这样不仅能保持动作质量，还能推迟疲劳的出现。如耐力跑时一般采用三步一呼，三步一吸的呼吸节奏；同时，保持呼吸深度均匀而有深度。在进行扩胸、旋转等动作时，胸廓扩大，肺内压降低，应多吸气；相反；则应多呼气。

（3）采用口鼻呼吸，减少呼吸道阻力。

运动过程中，单靠鼻子进行呼吸无法满足运动的需氧量，这时可以采用口鼻呼吸的方式进行。一方面，可以减少肺通气阻力，增加肺通气；另一方面，可以通过口腔加速体内散热。有研究表明，采用口鼻呼吸方式可使人体的肺通气量较单纯鼻子呼吸方式的量增加一倍以上。在冬天进行体育运动时，嘴巴不能张得太大，以免由于冷空气进入，刺激口腔黏膜和呼吸道，引发疾病。

（四）体育锻炼对消化系统的影响

运动会对人体消化系统产生一定的影响，而这种影响的大小和性质与运动项目种类和运动量有关。许多实验研究表明，长期从事适量的体育运动可对机体消化系统产生良好的效应。例如，适量运动可促进消化器官的血液循环，保证氧气和营养物质的供给；在运动过程中，膈肌和腹肌的活动对腹腔内消化器官起到节律性的按摩作用，可增强胃肠的蠕动，促进消化；中枢神经系统兴奋和抑制的协调状态有利于改善消化系统机能，愉悦的心情有助于刺激消化液分泌，提高消化酶的活性，能提高食欲；体育锻炼可加速肠道运动，减少肠黏膜与致癌物质的接触，降低大肠癌的发病率；通过促进胆囊运动，影响胰岛素、胆囊收缩素的分泌，减少胆结石的发生；体育锻炼可使结肠动力增加，减少便秘的发生。但是，过量的运动会对消化系统产生一些不良的影响。过量运动会出现运动性疲劳，使胃排空延迟，导致胃黏膜缺血，使胃黏膜分泌的液体减少，破坏胃黏膜的防御机制，导致胃黏膜出血或糜烂。人体在进行高强度的力竭性运动后，常会出现恶心、呕吐、腹泻、便秘和便血等运动性肠胃综合征。

（五）体育锻炼对人体中枢神经系统的影响

长期进行合理的体育锻炼可改善和提高中枢神经系统的工作能力，使中枢神经及大脑皮层的兴奋性增强，抑制加深，机体的兴奋和抑制更加集中，改善神经系统的均衡性和灵活性，从而提高大脑的分析能力；经常从事体育锻炼的群体，灵活性高、反应速度快、耳聪目明、精力充沛。

（六）体育锻炼对人体免疫力的影响

免疫机能是体质健康的代表性指标之一，但并非参加了运动就能促进身体健康。相关研究表明，经常从事适量运动可提高机体免疫机能，降低感染性疾病的患病风险，而长期从事高强度运动训练则对机体的免疫机能有抑制作用，对感染性疾病的免疫力反而下降。同时，一次运动对机体免疫机能的影响作用是短暂的，只有长期、适量的运动才能对机体免疫系统产生良好的作用。

二、女性生理与体育

（一）女性的生理特点

女性与男性在身体形态、生理机能上存在较大的差异。例如，在身体形态上，女性肩窄，骨盆较宽，下肢偏短，躯干相对较长，这种体形使女性的身体重心偏低，有利于维持身体平衡，对完成下肢支撑的平衡动作更有利，但对跳跃、速度素质要求高的项目就存在差距了。而在身体机能指标上，女性身体各项生理机能指标均落后于同龄男子。并且，女性在发育成熟后还存在每月一次的月经周期（生理期）。在生理期，女性的身体机能水平在一定程度上会受到一些影响。

（二）女性参加体育锻炼生理要求

女性经常参加体育锻炼可以提高身体各器官、系统的功能，促进身体机能水平，但是要遵循自身的生理特点，科学、合理地参加体育锻炼，主要生理要求有：

（1）月经期间的运动量要适当减少，活动时间不宜过长。要循序渐进，养成经期锻炼的习惯。

（2）月经期间除了应注意经期一般卫生还要注意不要游泳。月经期间，子宫由于内膜脱落后而有创面，病原微生物易入侵而引起炎症；同时，也要注意月经期应避免寒冷刺激。

（3）月经期间应避免做剧烈的、大强度的跑跳动作以及腹部屏气类的动作。

（4）对于月经紊乱、痛经的，以及患有内生殖器炎症的女性，月经期间应暂停体育活动。

知识链接

运动与免疫关系

1. 经常从事中等适量的体育锻炼可增强机体的免疫力。

2. 多次、长期超负荷的运动，使身体处于"超载"状态，容易感染、生病。此时，如果再焦虑、紧张、睡眠不好，会进一步降低身体抵抗力。在进行一次力竭性运动后，要注意保暖，并补充营养。

3. 经常锻炼可以降低上呼吸道感染的发病率。

4. 经常锻炼可增强身体抗炎症、抗氧化的能力。

5. 一些食物中富含的营养元素也可增强我们的免疫力，如牡蛎、螃蟹、酸奶、绿茶等。

三、学前儿童生理与体育

体育活动是一种身体活动，有助于人体各器官、系统的生长发育，是促进生长发育和增强体能的重要手段，尤其是对于儿童，适宜的体育锻炼不仅能够促进骨骼、肌肉的发

育，还能促进呼吸系统、循环系统和神经系统的发育。由于儿童身体正处于生长发育时期，进行科学的、系统的、有规律的体育锻炼对促进儿童的生长发育具有重要意义。

（一）学前儿童生理特点

1. 学前儿童运动系统发育特点

（1）骨骼的发育特点：学前儿童的骨骼中含蛋白质成分多，骨骼密度小，钙磷化合物成分少，骨骼柔韧性大、弹性大，但是硬度小，可塑性强，受压情况下容易弯曲变形；他们的腕骨还没有完全骨化，力量小，还不能承受重物的压力；同时，他们的脊柱生理弯曲还没有完全固定；骨盆也没有长成一块完整的骨骼。

（2）关节的发育特点：学前儿童关节附近的韧带较松，力量小，牢固性差，关节窝较浅，在外力过度牵拉下容易脱臼。在学前儿童中，较为常见的肘关节半脱臼，也称"牵拉肘"。

（3）肌肉的发育特点：学前儿童的肌肉水分多，力量较小，耐力差，容易疲劳和受损。大肌群发育早，小肌群发育晚，所以幼儿肌肉支配精细动作的能力差。

2. 学前儿童脉管系统发育特点

学前儿童的心脏发育不成熟，心肌薄弱，力量小，心腔容量小，心率快，脉搏不稳定，易受身体内外因素影响；学前儿童的血液含水分多，血浆中所含纤维蛋白、钙等凝血物质少，所以，学前儿童血液凝固较慢。

3. 学前儿童呼吸系统发育特点

学前儿童的鼻腔短小、狭窄，黏膜柔嫩，容易受到感染，出现鼻塞；他们的胸腔狭窄，肺泡数量少，容量也小，因此肺活量小。在运动过程中，一般是通过增加呼吸频率来增加肺通气量，满足机体的需求；学前儿童的呼吸方式多是"腹式呼吸"，因为他们胸腔狭窄、呼吸肌力量小，呼吸主要靠膈肌运动来完成。

4. 学前儿童消化、排泄系统发育特点

（1）消化系统特点：学前儿童的胃比较小，排空快，小肠的吸收能力差，肠壁肌肉组织弹性差，蠕动能力比成人弱。

（2）排泄系统特点：学前儿童大脑皮层发育不完善，对排尿的约束能力差，不易主动约束排尿，年龄越小越明显；学前儿童皮肤角质层薄，皮肤娇嫩，保护机能较差；同时，毛细血管网较密，通过皮肤的血液量较比成人多，皮肤表面积大，皮肤散热快。

5. 学前儿童神经系统发育特点

学前儿童的大脑皮层很容易活跃、兴奋起来，但是也容易疲劳，大脑皮质神经细胞分化不完善，神经系统分析综合能力较差，注意力难以集中或集中时间短。

（二）学前儿童体育锻炼生理要求

体育运动对生长发育的影响是多方面的，既有形态方面的，也有功能方面的。科学运动可以使呼吸肌发达，肺活量增加，胸围增加，呼吸差加大、心肌收缩力加强等；可以使学前儿童骨骼密度增大，骨骼肌肉力量加强，韧带力量增强，关节牢固性提高，防止发育

时出现脊柱、胸廓、下肢等骨骼弯曲变形，塑造健康、标准的体态。由于学前儿童处于身体发育阶段，在进行体育锻炼时要遵照生长发育规律特点进行。

（1）学前儿童骨骼弹性大，是塑造良好身体形态的重要时期，因此，要注意培养学前儿童正确的站立、跑跳姿势。

（2）学前儿童脊柱生理弯曲小，缓冲作用差，要避免过多在太硬的地面上（水泥、沥青）反复跑、跳。

（3）在运动中，应避免过早、过多进行力量练习，以防学前儿童骨化过早完成，影响身高发育。

（4）学前儿童的心肺功能发育不成熟，不宜做憋气动作。

（5）学前儿童的神经系统发育不完善，第二信号系统还不成熟，在活动中不宜学过于复杂、变换太大的动作，活动时间不能太长，而且要经常变换活动内容和方式，避免学前儿童出现疲劳。在运动过程中，可多进行学前儿童左右手的锻炼，促进左右脑的发育。

（6）学前儿童的肌肉易疲劳，力量不够，不宜长时间保持一个动作姿势。

（7）学前儿童的关节牢固性差，在运动过程中，要避免出现用力拖拽的动作，以免造成关节脱臼的情况。

（8）学前儿童皮肤娇嫩且散热快，在运动时，湿了的衣服要及时更换，避免引起皮肤不适和着凉。

四、体育锻炼卫生常识

（一）做好充分的活动准备

（1）运动时要穿戴适合运动的服装和鞋子，尽量不要佩戴有碍身体运动的配饰，同时，衣裤口袋里面不要装尖锐的物品。

（2）在正式活动前要做好充分的热身准备活动，以提高身体体温，提高神经兴奋性，提高各组织器官的功能，为正式运动做好充分的功能准备。

（3）热身准备活动要充分，尤其是在寒冷的冬季，一般热身准备活动的运动强度以中小强度为宜，活动时间为15分钟左右，在正式运动前10分钟前完成，具体活动时间和强度根据天气、个体身体素质情况而定，以自我感觉微微出汗为宜。

（4）准备活动要有针对性。准备活动分为一般性准备活动和专门性准备活动。做完一般性准备活动后，要结合专项训练内容再进行相应的专门性准备活动练习。

（二）体育锻炼注意事项

1. 饭后不宜立即进行体育运动，运动后不宜立即进食

在运动过程中，人体大量血液被分配到运动系统，而消化系统处于被抑制状态，血液量比较少，胃肠蠕动减慢，消化功能下降。如果饭后立即运动，胃里面还存的大量食物不能很好地被消化吸收；同时，胃内留存的大量食物会妨碍腹肌的活动，呼吸会受到影响，不但不利于运动，还容易牵扯肠系膜，造成腹痛，甚至胃下垂。在运动结束后，即使运动

停止了，在短时间内，身体内部机制还是处于兴奋的状态，这时的消化系统依然处于抑制状态，如果运动后立即进食会影响食物的消化与吸收，长此以往，容易造成消化不良、慢性胃炎等肠胃疾病。因此，应该在运动后休息半个小时以上再进食或者饭后 1 小时后再进行运动为宜。

2. 早餐空腹不宜进行长时间剧烈运动

人体经过了一个晚上的睡眠休息，体内的能量物质已不多。如果早晨空腹状态下进行体育运动容易造成低血糖症状，出现头晕、乏力，甚至晕厥等情况。另外，空腹进行长时间的剧烈运动，可导致胃痉挛性收缩，出现胃痛症状，长此以往容易形成胃炎。如果早晨起来身体状态比较好，可以适当进行体育锻炼，但是时间不宜超过 1 小时，运动强度不宜过大。

3. 刚睡醒不宜做高强度运动

有很多人喜欢在早晨起床后就进行体育运动，其实是不科学的。早晨刚起床时，人的神经中枢还没有兴奋，内脏活动趋于缓和，全身肌肉还处于软弱无力的松弛状态，如果在这个时候进行剧烈运动，不仅得不到期望的结果，反而会由于用力过猛而给身体带来不利的影响，也容易发生运动损伤。如果早晨要参加体育锻炼，要做好充分的准备活动，让机体逐渐兴奋起来，感到身体发热、精神振奋、活动自如有力的时候再进行体育锻炼。

4. 健身时间的选择

人体在 16：00—19：00 时，体内激素的活性处于良好状态，身体适应能力和神经的敏感性也最好。所以，一般提倡傍晚参加锻炼为佳。也有些群体因工作关系会选择在晚间时段锻炼，但是要注意运动强度，若运动强度过高，会使交感神经过于兴奋，妨碍入睡。研究发现，高强度运动可在饭后 2 小时进行；中度运动应该安排在饭后 1 小时进行；轻度运动则在饭后 30 分钟进行最合理。

5. 剧烈运动后不宜立即用热水洗澡

运动后洗热水澡有助于身体的放松、疲劳的消除。但是要在运动完成 30 分钟之后进行，水温以 37~40℃为宜。因为人体在剧烈运动时，身体内部生理机制处于高速运转状态，即使运动停止了，这种兴奋状态也要持续一段时间，如果在剧烈运动刚结束就洗热水澡，热水的刺激会使皮肤血管进一步扩张充血，体内血液量将会进一步进入皮肤、皮下组织和肌肉，也会使心脏和大脑供血严重不足，从而出现头昏眼花、胸闷，甚至晕厥。

6. 运动后不宜一次性喝太多水或者喝冰水，不宜立即用冷水洗澡

剧烈运动后如果一次性喝水过多，会使血液中盐的含量降低，天热汗多，盐分更易丧失，降低细胞渗透压，导致钠代谢的平衡失调，发生肌肉抽筋等现象。如果运动后喝冰水，容易产生胃痉挛、腹痛、恶心等不适。在夏季，有些人剧烈运动后就立即进行冷水浴，由于体表温度和水的温度相差悬殊，这样极易发生小腿抽筋。因此，剧烈运动后应先擦干汗液，等不再出汗时，再进行游泳活动或冷水浴。

（三）运动损伤的预防与处理

1. 运动损伤的原因

运动损伤与一般的工作或日常生活中的损伤不同，运动损伤的发生多与体育运动的项目、战术动作特点相关，运动损伤也常与运动水平、运动环境等因素相关。造成运动损伤的原因有很多，主要有以下几个方面。

（1）思想认识不足。

运动损伤的发生多与体育运动参加者对预防运动损伤的意义认识不足，思想上麻痹大意及缺乏预防知识有关。很多人对运动损伤存在一些片面的认识，不重视安全教育，缺乏经验，在体育运动中没有采取积极有效的预防措施，或存在不良的心理状态，在练习中因恐惧、害羞而犹豫不决和过分紧张也是导致运动损伤发生的重要原因。

（2）准备活动不充分或者不做准备活动。

准备活动的目的是提高机体中枢神经的兴奋性，提高各器官系统的功能，使人体从相对静止状态过渡到紧张兴奋的活动状态。充分的准备活动可以降低肌肉的黏滞性，增加肌肉的弹性，预防肌肉损伤。据有关调查资料分析，缺乏准备活动或准备活动不合理是造成运动损伤发生的主要原因之一。

（3）动作技术不合理。

对于很多体育运动的初学者或学习新动作时，多因为技术动作不合理或做动作时违反了人体结构功能的特点及运动时的力学原理而发生运动损伤。因此，要多加强技术动作要领的学习和理解。

（4）运动负荷过大。

在运动过程中，没有充分考虑锻炼者的生理特点和运动能力，因运动负荷过大导致运动损伤的发生，尤其是如果局部负担过大而引起细微损伤的积累从而导致劳损，这是专项训练中造成损伤的主要原因。

（5）身体状态不佳。

如果锻炼者睡眠休息不好、患病、伤病初愈或者疲劳时，会出现肌肉力量、动作的准确性、身体的平衡调节能力下降，注意力不集中、反应迟钝等现象，这也是运动者在参加一些动作难度较大或者强度较激烈的运动时发生运动损伤的原因。

（6）场地、服装存在问题。

运动场地不平，有小碎石或者杂物；跑道太硬或者太滑；沙坑没有挖松或有小石头；踏板与地面不平；体育器械维护不良或年久失修，器械安装不牢固或存放位置不合理；活动器械的高低、大小、重量与锻炼者年龄、运动能力不相符；运动时的服装和鞋袜不符合运动卫生要求等也容易造成运动损伤的发生。

（7）其他。

体育基础差、身体素质差，动作要领掌握不正确，一时不能适应体育活动的需要，或过高地相信自己的能力，不自量力做高难度动作等容易发生损伤。另外，还有因运动组织

纪律混乱、违反活动规定、不遵守比赛规则等也很容易发生运动损伤。

2. 运动损伤的预防

（1）提高体育锻炼思想认识。

在进行体育运动时，要强化安全意识，加强运动损伤预防的教育，不要因参加的体育项目难度小、运动负荷低就忽视运动损伤的预防。另外，还要加强学生的组织性、纪律性教育，严格遵守体育竞赛规则，培养良好的体育道德风尚。

（2）做好充分的准备活动。

充分做好准备活动能有效降低和预防运动损伤的发生，准备活动应注意以下几方面要求：①准备活动的内容与负荷应根据正式运动内容、个人身体机能状态、当时的运动环境而定；②一般的准备活动要充分，专项准备活动要有针对性，与正式运动内容相符；③易伤部位的准备活动要加强、加大活动的比重；④伤病初愈后做准备活动时要谨慎，不能操之过急，动作要和缓、运动幅度、运动速度要循序渐进；⑤准备活动与正式运动的间隔时间一般以 1~4 分钟为宜，运动负荷以身体感到发热、微微出汗为佳。此外，在准备活动中加入一些肌肉伸展性的练习，对预防肌肉拉伤具有积极作用。

（3）加强自我监督和医务监督。

对学生或者经常参加体育锻炼的人，应定期进行体格检查，做好对锻炼者身体机能状态的督查和干预，有必要及时进行运动计划的调整；在重大比赛前后，要进行身体补充检查或复查，以观察体育锻炼、体育比赛前后的身体机能变化，对体检不合格者则不允许参加比赛。伤病初愈者在参加体育锻炼时，应取得医生的同意，并做好自我监督。

（4）检查场地设施，注意着装要求。

在进行体育运动前，应提前对运动场地、活动器械设备等进行认真的检查和清扫，确保场地和活动器械安全。在进行体育运动时着适合运动的服装和鞋袜也是有效减少运动损伤发生的预防措施之一。

3. 常见运动损伤的处理

运动损伤的种类有很多，有开放性损伤和封闭式损伤，开放性损伤主要有擦伤、切割伤、刺伤和撕裂伤；封闭性损伤有急性损伤、慢性损伤等。只要懂得一般运动损伤的原因及预防处理知识，掌握运动损伤发生的规律，就能把运动损伤降到最低，从而增强体质、促进健康。

（1）肌肉擦伤。

产生原因：身体受粗糙物摩擦造成局部皮肤破损出血和组织液渗出，如场地太滑、碰撞跌倒使身体皮肤与地面发生摩擦致伤。

好发部位：小臂外侧、手掌、大腿外侧、膝盖及小腿外侧。注意，学前儿童身体平衡控制能力较差，在运动过程中常发生擦伤。

处理办法：轻度，小范围的擦伤，伤口干净（不干净的用清水冲洗干净）者可以碘伏或紫药水涂抹伤口；大范围的擦伤，并出血不止，可通过抬高肢体、绷带加压包扎、手指直接点压止血等方法进行处理，必要时应到医院进行伤口清洗、缝合、上药、包扎等处理，以免造成感染或流血过多。

（2）肌肉挫伤。

产生原因：在运动时互相冲撞、踢打或身体碰撞在器械上导致身体某处皮下组织、肌肉、韧带或其他组织受伤，而伤部皮肤往往完整无损或只有轻微破损的闭合性损伤。

好发部位：四肢、小腿、足部和腰部等。

出现症状：①局部疼痛、肿胀，皮下出血，皮肤青紫。四肢和胸壁挫伤时应注意有无骨折；②胸部、腹部挫伤时应注意有无伤及内脏器官；③睾丸与内脏器官有并发损伤时，患者常出现休克，出现头晕目眩，心慌气短，皮肤苍白，四肢发凉，脉搏弱而快，甚至丧失自制力。

处理办法：马上停止运动，如果皮肤出血，可以先用碘伏涂抹伤口消毒，再用干净的纱布包扎；如果受伤部位红肿疼痛，可以先用冷水或者冰块进行局部冷敷，待24小时后再改用热水进行热敷。

（3）韧带扭伤。

产生原因：韧带扭伤多是在运动过程中因动作不正确、活动地面不平、碰撞，落地失去平衡或者用力过猛导致。因作用力大小不同，可导致单纯性韧带扭伤、韧带撕裂或者断裂，还有可能并发骨折等。

好发部位：四肢关节处、肘部、踝关节、膝关节处。

出现症状：①疼痛、肿胀，有皮下出血者可见皮肤青紫；②韧带完全撕裂时，关节腔隙加宽甚至超过正常活动范围；③骨折，可摸到小骨片，或按压时疼痛加剧；④关节出现肿胀，局部按压疼，牵引受伤的韧带时疼痛加重；⑤半月板损伤，若膝关节受伤，伤者诉说关节内有时像有东西卡住的感觉，不能屈伸关节。

处理办法：对于轻度扭伤，关节活动没有障碍，暂停1~2周后疼痛可完全消失痊愈；对于重度扭伤，疼痛剧烈且关节不能活动，可采用冷敷，每隔3~5小时敷1次，每次敷5~8分钟，可用绷带进行包扎。

（4）肌肉拉伤。

产生原因：肌肉拉伤多发生于运动前没有做好充分的准备活动，导致肌肉弹性受限，用力不协调而造成肌肉的损伤。肌肉的微细损伤、部分撕裂或完全断裂都属于肌肉拉伤。

出现症状：受伤部位肌肉疼痛或局部有压痛和肿胀，断裂处可触摸到凹陷，并且活动幅度受限。

处理办法：原则上与挫伤处理的办法相同，对于肌肉撕裂者，应使受伤部位置于完全放松的位置，抬高伤肢，用寒冷麻醉剂喷射。

（5）鼻出血。

产生原因：在运动过程中，多因鼻子与其他硬物碰撞导致。

处理办法：让受伤者坐下来，头向后仰，暂时用口呼吸，用纱布或干净的软纸塞住鼻孔，用冷毛巾敷在前额和鼻梁上，一般即可止血。如仍不止，应到医院检查、处理，及时采取有效措施，防止大量出血而出现昏厥。

（6）脑震荡。

产生原因：头部受外力打击或碰撞到坚硬物体，使脑神经细胞、纤维等脑组织受到过度震动而导致的损伤。可分为轻度、中度和重度脑震荡。

出现症状：①轻度，短时内出现头晕、眼花，过后没有其他不舒服的感觉；②中度，可发生数分钟至1小时的昏迷，在清醒后有头晕、头疼、恶心等现象，数日或更长时间不能消失；③重度，昏迷时间1小时以上，有些出现数日不能清醒，清醒后有头晕、头疼、恶心、记忆力下降等现象。

处理办法：对轻度脑震荡的病人，安静卧床休息1~2天后，即可恢复；对于中、重度的脑震荡，要保持伤员绝对安静，仰卧在平坦的地方，头部冷敷，注意身体的保暖，并及时送往医院治疗。

（7）脱臼。

产生原因：在运动过程中由于用力不当或者用力过猛，使关节面脱离了正常的解剖结构而造成的。

好发部位：肩关节和肘关节，尤其要注意学前儿童的肩关节和肘关节的保护。

处理办法：可以先冷敷，扎上绷带，保持关节固定不动后，立即送医院矫正治疗。

（8）骨折。

产生原因：因外力作用而使骨的完整性受到破坏而造成的损伤，可分为开放性骨折和闭合性骨折。

处理办法：应先安抚受伤者，防止休克，注意身体保暖并立即送医院治疗。

4. 常见运动生理反应的处理

（1）肌肉痉挛（肌肉抽筋）。

发生原因：由于肌肉突然猛力收缩或用力不均匀，或因受到过冷的刺激，或收缩与放松不协调、体内氯化钠（盐）的流失过多、准备活动不充分，以及身体疲劳等都会引起肌肉痉挛。

处理办法：让患者平躺，牵引痉挛肌肉，由他人帮助牵引时注意力量不能过大，要轻缓，肌肉痉挛缓解后，可适当按摩并注意休息。

（2）运动性腹痛。

发生原因：在运动中出现运动性腹痛的原因有多种，常见情况有：①餐后立即运动；②准备活动不充分；③剧烈运动时，如果心脏功能较弱，引起大静脉回流障碍，致肝、脾出现暂时性淤血、肿大，增加肝、脾被膜的张力而出现腹痛；④剧烈运动时，呼吸方法不当，破坏了呼吸和血液循环的正常关系，使静脉淤血而引起腹痛，痛点在左、右上腹部；⑤剧烈运动时，如果因体内氯化物随出汗排出过多，引起胃痉挛出现腹痛，痛点多在肚脐周围；⑥患有慢性腹部疾病如溃疡病、慢性阑尾炎、慢性肝炎等疾病的人，运动时可能出现腹痛。

处理办法：腹痛较轻者，可减少运动强度，按压疼痛部位，做深呼吸，可消除或缓解腹痛；若疼痛剧烈，应停止运动，症状即可消失；若是腹部疾病引起腹痛，应尽快到医院检查、治疗。

（3）肌肉酸痛。

发生原因：多数是由于平时缺乏锻炼或长时间没有参加体育运动，一次性运动量过大导致，也称为肌肉延迟性酸胀。

处理办法：出现肌肉酸胀可以通过热敷、拉伸练习、按摩、口服维生素 C 及针灸等方法缓解。

（4）中暑。

发生原因：在夏季运动过程中，体内产生的大量热量因天气炎热，散热困难，致体温调节发生障碍，体温急剧升高，生理功能发生紊乱的情况。中暑的发生一般比较急，有头痛头晕、全身无力、恶心、呕吐、面色潮红、口渴舌干、呼吸急促、体温上升，严重时可发生四肢痉挛等症状。

处理办法：快速将患者移到阴凉通风处，头部垫高成仰卧或半卧位，解开衣领保持呼吸通畅，体温过高的可用酒精擦拭，加速散热，对于神志清醒的，可饮清凉饮品。严重患者，初步应急处理好后尽快送医院救治。

（5）重力性休克。

发生原因：多见于缺乏经常性锻炼或者体质较弱的群体，在进行快速运动后突然停止运动，引起循环失调，出现全身发软、头晕、恶心、胸闷，严重的出现昏厥，出冷汗、脉搏微弱、呼吸减慢的情况，常发生在径赛项目上。

处理办法：让患者平躺，抬高下肢，解开衣领，做下肢向心脏方向的按摩，帮助静脉血回流。同时，给患者闻氨水或者掐人中穴位，使其清醒，待知觉恢复后，可让其喝热水，并注意保暖和休息。

🤔 思考题

1. 适量体育锻炼对学前儿童运动系统有哪些影响？
2. 女性生理期参加体育锻炼时有哪些注意事项？
3. 哪些情况容易出现运动损伤？
4. 跑步过程中出现腹部疼痛应该如何处理？

📚 知识链接

幼儿运动保健与保护常识

1. 幼儿的骨盆还没有长成完整的骨骼，所以，在活动中从高处向下跳时，应铺上厚垫子加以保护，避免坚硬的地面造成的反作用力冲击骨盆，使骨盆移位。在没有厚垫子的情况下，可以让幼儿往沙坑里跳或在橡胶跑道或草地上活动。
2. 在运动过程中，要教会幼儿正确的呼吸方式。

3. 刚进食完不要马上进行剧烈运动；剧烈运动完后，不可立即进食或者大量饮水。

4. 幼儿体育运动时间：大班为 5~6 分钟，中班 4~5 分钟，小班 3~4 分钟。炎热的夏天，幼儿容易流汗、疲劳，应适时缩短热身运动时间；寒冷的冬天，身体比较不容易热起来，可以适当延长活动时间。

5. 避免在砖地等坚硬的场地开展热身运动。

6. 不要在空气污浊的地方锻炼，如雾霾天气不适合户外锻炼。

项目三　心理学基础

学习目标

知识目标： 了解青年大学生的主要心理特征、了解学前儿童的个性心理发育特点。

能力目标： 能灵活地根据学前儿童个性心理组织体育活动，促进对学前儿童良好个性品质的培养。

素质目标： 培养青年大学生不怕困难、勇于拼搏、团结互助、积极向上的个性心理和良好的品质。

早在 2000 多年前，古代著名医生希波克拉底就提出，"心理因素对疾病和身体健康具有一定的作用"的观点。人类的身体健康与心理健康之间相互依赖，相互影响。健康的心理寄于健康的身体之中，身体不健康或生理缺陷会影响人的心理状态，使之处于焦虑、忧愁、烦恼、抑郁之中，既影响了认知、情感，又阻碍了人格的健康发展和人际关系的和谐，最终导致心理上的不健康。《吕氏春秋·尽数》中指出："形不动则精不流，精不流则气郁。"这阐明了运动有益于身体和精神健康。而在屈原的："登大坟以远望兮，聊以舒吾忧心。"中不难看出，身体运动可以让人心情舒畅，起到调节心理的作用。体育运动在很大程度上对人的心理健康具有积极的促进作用。体育教学是一种向学生身心施加影响的过程，在体育教学和体育活动过程中会涉及很多心理方面的问题。对学生心理、年龄特征和个性特征的了解，发展学生体质和培养学生的体育活动能力等，都离不开心理学知识。

一、体育与青年大学生主要心理发展

（一）青年大学生主要心理特征

大学生年龄普遍为 17~22 岁，这是一个人生长发育走向成熟的重要时期，这个时期的大学生，有着他们自己的个性心理特征。

1. 智力水平得到迅速提高

大学生经过多年的学习积累，智力发展水平日趋成熟，他们的观察力、记忆力、想象力和思维力均已成熟。感知能力更具有目的性、系统性和深刻性；记忆力的发展进入人生的鼎盛阶段；思维方式显著变化，辩证逻辑思维占优势。但是由于他们的生活阅历比较浅、知识经验不足、辨别能力缺乏深度思考，容易出现过于自信，走极端的情况。

2. 情感丰富，参与意识强烈

大学阶段的生活和学习活动范围更加丰富和广泛，大学生处于体力和精力都很旺盛的时期，因此，大学生所表现出来的情感是丰富多彩的，也是瞬息万变的。情感的体验以肯定、乐观和振奋为主；但情绪自控能力还不成熟、稳定，两极化比较突出，容易出现高度兴奋、激动或极端愤怒、绝望的情绪。同时，在社会经验不断积累丰富的过程中，各种行为规范使大学生逐渐具备了调节和控制自我情绪的能力，因此，他们的情感往往表现出内隐性和闭锁性，他们或将自己真实的情感隐藏，表露出与内心不符的情绪状态或有选择性地暴露，这也是了解大学生群体真实思想的一个难点，尤其是一些女大学生。

3. 自我意识、批判意识增强

大学生这个阶段的自我观察、自我分析、自我评价、自我教育和自我调控的能力大大增强并日趋完善，他们有强烈的自尊心，争强好胜，看重结果，但自我评价往往过高，受挫后容易产生逆反的心理。

（二）体育锻炼对青年大学生心理健康的影响

1. 体育锻炼对智力的影响

据调查结果显示，经常参加体育运动不仅能使运动者的注意力、记忆力、反应、思维、想象等能力得到提高，还可以使其情绪稳定，性格开朗。一般而言，体育锻炼可以从三个方面对大学生的智力产生良好影响：第一，体育运动可以促进大脑的开发和利用，增强神经系统的功能；第二，体育运动能减缓应激反应，提高脑力劳动的工作效率；第三，体育运动在一定程度上可消除脑力劳动引起的疲劳，通过体育锻炼能够缓解大学生紧张的内在机制，改善神经系统的工作能力，促进学生智力与能力的发展。

2. 体育锻炼对情绪的影响

体育活动有各种组织形式和不同的活动内容，它有消除紧张情绪，发泄内心的冲动潜意识，化解烦闷和单调情绪，提高自信心和成就感，满足人与人之间交往和友谊需要的作用。大量研究表明，经常参加体育锻炼，能显著地松弛紧张的神经，改善人们的自我感

觉，消除失落和沮丧情绪，是保持和增进心理健康，消除心理疾病的一个重要方法。同时，体育活动还可以提高大学生作为个体与社会的适应能力。通过体育活动，在与对手的拼搏中，在与同伴默契配合并克服自然障碍后，大学生会得到一种非常美妙的快感和心理上的满足。同样，观赏体育运动，无论是高水平的竞技运动还是一般水平的学生运动竞赛，都能给人们带来愉快和精神上的享受。因此，经常参加体育活动，可以帮助大学生从中得到乐趣，振奋精神，陶冶情操，拥有良好的情绪状态。

3. 体育锻炼对人格的影响

体育锻炼对自我意识形成具有较大的影响。大学生正处于青春期，情感丰富，有着强烈的情感交流要求，他们需要友谊、需要理解、需要融洽的人际关系。体育活动可以促进大学生彼此情感上的沟通和交流，促进他们人际关系往融洽的方向发展。体育活动以身体练习为主要手段，同学们在活动中需要与同学、老师进行交流、合作等，学生的主动性、个体性更易发挥。因此，体育活动为大学生人格的培养、自我意识的塑造提供了有利的契机，并对大学生健全人格的培养发挥了重要作用。

4. 体育锻炼人际交往、社会适应能力的影响

在体育活动中，大学生以个体或群体的形式参与各种身体活动，通过互相接触、切磋、合作、对抗等，在体育活动的参与过程中，个人之间、集体之间发生着频繁而激烈的思想和行为上的交锋，使参加者会经常碰到如何处理人际关系的问题，便能使大学生在各种场合下妥善地处理好人际关系，从而发展社交能力和提高灵活应变能力。因此，组织各种体育活动可增加大学生交往力度，引导他们形成良好的合作关系，促进人际关系的发展，从而培养大学生的人际交往能力。

二、体育与学前儿童心理发展

（一）学前儿童心理发展过程

3~6岁是学前儿童心理活动系统化的准备时期，是学前儿童个性形成的最初阶段。俗话说"3岁看大，7岁看老"，孩子个性心理的成长影响其终生。心理学研究表明，在3岁前，学前儿童就会表现出某些个性特征，如有的好动、灵敏、反应快；有的沉静、稳重、反应慢；有的好哭、易激动；有的活泼开朗等。根据儿童发育大体可分为三个阶段：①初期心理特点：3~4岁儿童表现为具有强烈的情绪性、爱模仿、思维具有直觉行动性；②中期心理特点：4~5岁儿童爱玩、思维具体形象；③后期心理特点：5~6岁儿童好问好学、抽象概括能力开始发展、个性初具雏形。通过合理的体育活动，不仅能促进学前儿童的身体发展，而且能影响儿童认知、个性、情感等个性心理的健康发展。

（二）体育锻炼对学前儿童心理发展的影响

1. 体育锻炼对学前儿童认知功能的效益

认知功能是人类的高级活动功能，是人体对外界信息的反应能力，包括感觉、知觉、注意、表象、记忆、思维和语言等重要组成部分。相关研究表明，长期的体育锻炼有助于

人体认知能力的提高。有规律的锻炼可以通过提高知觉和运动系统的总体速度来提高精神速度，体育运动技能的学习尤其对学前儿童身体知觉能力和技能知觉能力的准确性有明显的影响。学前儿童在进行体育锻炼的过程中，心肺功能得以提高，血液循环加速，从而改善了大脑供氧状况，在一定程度上促进了学前儿童大脑及整个神经系统的发育。同时，丰富多样的体育活动动作刺激学前儿童大脑皮质神经细胞活动的强度、灵活性和均衡性等，使大脑建立起各种复杂的神经联系，使整个神经系统的功能得到强化。

2. 体育锻炼对学前儿童情绪、人格的影响

心理学研究指出，体育锻炼是所研究的 10 种行为中对情绪进行自我调节最有效的手段（Thayer，1994）。美国健康和人类服务中心的研究报告（1996）指出，体育锻炼对情绪状态均有改善作用，会减少焦虑和抑郁程度。经常参加体育锻炼的学生具有高乐群性、高敢为性和高幻想的人格特性。长期系统的体育锻炼可以有效地培养儿童勇敢顽强的意志品质和乐观的情感，有助于学前儿童情感的社会化和深刻化，有助于培养学前儿童的竞争意识和自我意识。

通过体育活动，首先可以发现学前儿童不同的个性心理特征，如活泼好动，沉默内向；动作迅速，反应迟缓；坚强勇敢，胆小害怕等。因此，幼儿园教师应根据学前儿童的个性特点，有目的、有计划地引导、培养学前儿童勇敢、自信、积极阳光的健康个性。

3. 体育与学前儿童社会、道德健康

我国学前儿童基本上从 3 岁开始上幼儿园，幼儿园环境也就是一个微型的小社会。这是学前儿童从家庭进入社会的开始阶段。学前儿童在幼儿园里需要接触到不同的人群，老师、同学等；接触到不同的事物，幼儿园的玩具不再是自己随意支配的，要经常参加集体活动，要学会守时、守纪、与他人合作等。学前儿童可以通过在幼儿园时间的各种活动经历慢慢接触和了解社会上的不同角色，并且学会扮演其中的各种角色。

（1）学前儿童社会性特点。

3~4 岁的学前儿童在各种活动当中仍然保持着以自我为中心的各种倾向。如中班、小班的孩子更喜欢一个人玩沙子、搭积木，与同伴之间的交流和沟通合作很少，并且对于同伴活动不在意或者加入还会产生一定的排斥。大班的孩子则更多地表现为喜欢群体性的、具有一定竞争性的活动，合作能力较强，开始注重结果的好坏，但是容易发生冲突，从而产生不愉快的情绪。

（2）体育对学前儿童社会、道德健康的促进作用。

通过体育活动，有利于学前儿童集体意识的形成。对于学前儿童来说，从家庭个人为中心到幼儿园的集体生活，需要树立、培养学前儿童的集体意识。在许多体育活动，如早操、体育游戏等过程中，要求每个学前儿童在老师的带领下共同完成动作。在各种活动中逐渐培养他们的集体观念、意识。

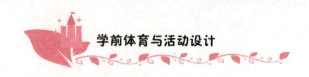

思考题

1. 体育锻炼对青年大学生个性心理的发展有哪些影响？
2. 体育锻炼对学前儿童个性心理的塑造有哪些影响？

项目四　教育学基础

学习目标

知识目标： 明确学前教育专业体育教学目标与任务，端正青年大学生体育课程学习态度；熟悉学前儿童体育教学目标与任务。

能力目标： 能灵活将教育学基础知识运用到学前体育教与学过程中。

素质目标： 全面发展学前教育专业青年大学生职业技能水平。

一、学前教育专业体育教学目标与任务

（一）学前教育专业体育教学目标

高职学前教育专业体育课是学前教育专业的一门公共必修课，是大学教育的重要组成部分，是大学生以身体练习为主要手段，通过一定的体育理论教育和科学的体育锻炼过程，达到增强学生健康体质水平，激发学生参与体育锻炼的兴趣，塑造积极向上的个性品质，提高体育素养，培养终身体育意识和习惯的一门课程。学前教育专业体育课程教学目标主要有六个方面，即运动参与目标、运动技能目标、身体健康目标、心理健康目标、社会适应目标和职业技能目标。

1. 运动参与目标

运动参与目标是指积极参与各种体育活动，形成良好的体育锻炼习惯和终身锻炼的意识；能够制订可行的个人锻炼计划；具备指导他人进行体育锻炼的能力；具有一定的体育文化素养和观赏水平。

2. 运动技能目标

运动技能目标是指熟练掌握人体各项基本运动和幼儿各项基本身体活动的方法及技能；科学进行自身体育锻炼和指导幼儿体育活动；提高自我运动和组织体育活动的能力。

3. 身体健康目标

身体健康目标是指能测试和评价自身与他人健康状况；掌握有效提高身体素质、全面

发展体能的知识与方法；提高自身科学锻炼的能力；通过体育锻炼养成良好的行为习惯，形成健康的生活方式；具有良好的身体素质和健康的体魄。

4. 心理健康目标

心理健康目标是指根据自己的能力设置体育学习目标；自觉通过体育活动改善心理状态、克服心理障碍，养成积极乐观的生活态度；运用适宜的方法调节自己的情绪；在运动中体验运动的乐趣与成功的快乐，并表现出勇敢顽强的意志品质。

5. 社会适应目标

社会适应目标表现出良好的体育道德和合作精神；能正确处理竞争与合作的关系，并能正确指导幼儿活动中的合作学习；积极参与学校、幼儿园、社区和社会体育活动。

6. 职业技能目标

职业技能目标具有指挥与调动队伍，指导幼儿进行体育活动的能力；具有合理利用教学资源创编幼儿基本体操、体育游戏，创设幼儿园体育活动教学的能力；具有策划和组织幼儿园各项运动竞赛的能力；具有指导和组织幼儿参与社会体育活动的能力。

（二）学前教育专业体育教学任务

培养学前教育专业学生德、智、体、美、劳等全面发展的，具有良好的专业素养及服务意识，与时俱进，开拓创新，思想先进，能较好地从事幼儿园的体育教学及相关体育活动的组织与创编能力。

（1）增强体质，增进健康，全面提高学生体能和适应外界环境的能力，促进学生身心健康全面发展。

（2）掌握测试和评价自身健康体质状况及编制可行的个人锻炼计划和方法，培养终身体育锻炼的意识和习惯。

（3）掌握体育与健康基本知识，熟练掌握1~2项体育健身的方法和技能，科学地进行体育锻炼。

（4）发展良好个性，改善心理状态，建立良好的人际关系，拥有积极、乐观的生活态度，具备一定的体育文化欣赏能力。

（5）充分认识学前体育对学前儿童发育发展的重要性。

（6）熟悉学前体育的基本内容。

（7）掌握学前体育教育的教学方法和原则、教学活动的规律。

（8）具备一定的体育活动创编能力。

（9）具备一定的指挥和调动队伍及各项活动场地、设备的设计与布置能力。

（10）具备观察、分析学前儿童体育活动过程中心理与行为的评价能力。

（11）具备一定的学前儿童体育卫生保健常识及应急性运动损伤处理的能力。

（12）初步具备编写和实施体育教育教学计划和方案的能力。

二、学前儿童体育活动目标与任务

（一）学前儿童体育活动目标与任务制定的基本原则

1. 保教原则

学前儿童处于生长发育的重要时期，机体发育还不成熟，对疾病的抵抗力不够，对外界环境的适应力较差，这些都要求在对学前儿童进行体育教学过程中要遵循"保教结合"的原则，体育教学的目标和内容也应遵循这一原则。《幼儿园管理条例》中明确规定："幼儿园应当贯彻保育与教育相结合的原则。"《纲要》中也指出："幼儿园……以游戏为基本活动，保教并重，关注个别差异，促进每个幼儿有个性地发展。"这是由学前儿童的身心发育特点所决定的，也是幼儿教育工作规律所要求的。在实践中，要做到"教"中有"保"，"保"中有"教"，使两者并举，有机结合。

2. 发展性原则

《幼儿园教育指导纲要（试行）》中明确指出："幼儿园教育是基础教育的重要组成部分，是我国学校教育和终身教育的奠基阶段。城乡各类幼儿园有应从实际出发，因地制宜地实施素质教育，为幼儿一生的健康发展打好基础。"因此，学前儿童体育教学目标的制订既要符合幼儿的现实需要，又要有利于其长远发展，培养良好的体育锻炼习惯和终身体育锻炼意识。

3. 适应性原则

体育锻炼的目标和内容的制定要适应学前儿童的生理、心理发展水平，做到保教结合。同时，《幼儿园教育指导纲要（试行）》和《幼儿园工作规程》中对学前儿童所制订的体育目标和内容是着眼于一般情况和一般规律的。在具体的幼儿园体育教学过程中，要根据本地的实际情况，因地制宜地开展适用于本园学前儿童的体育教育教学，使其能够更好地适应和达到幼儿体育的整体目标。

（二）学前儿童体育健康教育的目标

我国学校体育教育的主要目的是"增强体质"。学前儿童体育属于学校体育教学的范畴，所以学前儿童体育教育目的也是以增强儿童体质为主。随着人类社会的高度发展，体育活动不仅仅是一种锻炼身体的活动，逐渐成为人们生活的一部分，成为调节、丰富人们生活的一种重要手段。学前儿童时期是人成长的开始阶段，身体体质的提高是基础。同时，这也是心理特性、社会性发展的关键时期。因此，学前儿童体育教育的目的是"增强儿童体质、培养儿童良好个性品质，促进身心和谐发展、培养学前儿童终生体育意识，丰富生活"。根据不同年龄段学前儿童的特点，学前儿童体育健康教育的目标可分为总体目标和阶段目标。

1. 总体目标

（1）使幼儿初步掌握各种体育活动的基本方法、规则和要领，增强幼儿体质健康。

（2）培养幼儿良好的运动习惯和运动兴趣。

（3）帮助幼儿认识自己身体结构的功能，掌握初步的自我保护技能和安全技能。

（4）在体育活动中促进幼儿的认知能力、培养幼儿积极健康的个性，提高幼儿社会适应能力等。

（5）促进幼儿身心正常，协调发展。

2. 阶段目标

幼儿阶段目标是根据幼儿体育总目标，根据各个年龄阶段幼儿的身心特点和体育活动内容制订。不同地区、园所幼儿的实际发展水平各不相同，各个地区、各幼儿园可以根据以下参考目标根据本园（所）的实际情况灵活安排。

1）小班体育目标（3~4岁）

（1）能正常自然站立、行走和跑，约能步行1千米，持续跑约30秒。

（2）双手能自然做抛接动作，能做近距离的投掷动作。

（3）具备一定的平衡协调能力，围绕自己身体做自转动作，能较协调地做侧身连续翻滚的动作，分散跑时能避开他人的碰撞，能较协调地翻越较低障碍物。

（4）能双手抓单杠做悬垂吊起动作（参考时间为10秒左右）。

（5）能根据教师发出的简单口令或信号做相应的身体动作，能随音乐和儿歌做模仿动作、模仿操、简单徒手操等。

（6）喜欢并愿意参加体育活动，初步掌握一些体育活动的知识和规则，活动中能团结合作，互相帮助。

2）中班体育目标（4~5岁）

（1）能按照信号和或指示上下肢协调有节奏地走、跑，能听信号进行变速、绕过障碍等多种形式变换的走、跑运动，步行能走1.5千米，持续跑约1分钟。

（2）能双脚熟练向前或双脚直线两侧行进跳，能立定跳远，跳远距离不少于30厘米。

（3）能熟练手、脚着地协调向前爬，手脚熟练地协调攀爬。

（4）能熟练地听各种口令和信号并做出相应的动作，能随着音乐节奏较准确地做徒手操、轻器械操等。

（5）会玩滑滑梯、秋千等大型体育活动器械，会骑平衡车、小三轮车，会用绳子、棍、棒等进行小型多样的体育活动。

（6）喜欢并积极参加各种体育活动，初步养成体育活动的习惯。

（7）能自觉遵守体育活动规则，互助合作，会与老师和伙伴一起收拾体育器械等。

（8）具有一定的抵御寒冷、炎热、饥渴的能力和抗疾病能力。

3）大班体育目标（5~6岁）

（1）能轻松自如地绕过障碍物，进行曲线走、跑，能快速跑30米跑和接力跑，能走、跳交替300米左右，能步行2千米，持续跑约1分30秒，能听信号分队走。

（2）能原地蹬地起跳连续纵跳接触物品，能双脚熟练改变运动方向跳转，能立定跳远，距离不少于40厘米，能连续跳跃过高40厘米的障碍物。

（3）能单手投掷沙包等轻物器，会肩上挥臂投掷轻物，能抛接高球或人与人互抛互

接球。

（4）能在单杠上或其他器械上做短暂的悬垂动作，能做前滚翻等简单的技巧动作。

（5）能熟练地根据各种口令、信号做出相应的动作，能伴随音乐节奏熟练地完成各种徒手操、轻器械操等。

（6）会玩自行车、踩高跷等大型体育器械。

（7）具有较强的抵御寒冷、炎热、饥渴的能力和抗疾病能力。

（8）热爱体育活动，有积极参加体育活动的习惯。

（9）能自觉遵守各种体育活动规则，有较强的集体观念，勇于克服困难，能独立或与伙伴收拾各种小型体育器械。

（三）学前儿童体育基本教学任务

学前儿童体育教学主要是指在幼儿园的体育活动教学。对于"儿童的体育活动应该教什么"这个问题，很多学者进行了研究和讨论，参照文献研究和实际的幼儿园教学考察总结出目前的教学内容从项目上分类主要有儿童基本身体活动、身体素质儿童基本体操、儿童器械活动、儿童体育游戏、儿童球类等，也有从身体素质上划分儿童基本活动能力、儿童跑跳能力、灵活性、平衡性等。

1. 儿童基本身体活动

身体基本活动是指儿童日常生活中最基本的生活活动能力，包括走、跑、跳、投、钻、爬、平衡等，主要功能是发展儿童基本动作，增强身体协调性、灵活性、平衡能力等。

2. 身体素质

身体素质是指人体在肌肉运动时表现出来的各种机能能力，它是人体各器官系统技能的反映，是评价人的运动能力、劳动能力和体质的重要指标，包括速度、耐力、力量、平衡、协调、灵敏、柔韧等有关知识和技能等。儿童时期是人体各项素质发展的重要时期，尤其是平衡、协调、灵敏、柔韧等。

3. 儿童基本体操

体操是根据人体解剖及生理特征，通过徒手、手持轻器械和在器械上完成各种不同类型、不同难度并且有一定艺术性的单个动作和成套动作的练习。儿童基本体操是各种身体动作的组合，是指在掌握了基本动作的情况下进行各个基本动作整合活动的一种能力。体操能较好地锻炼儿童身体关节活动的灵活性、协调性，能提高幼儿节奏性、审美能力。在一般的幼儿园教学中，其包括徒手操（武术操）、轻器械操（球操、绳操）及队列队形。

4. 儿童器械活动

在学前儿童体育活动中，如基本体操、基本动作、体育游戏、球类活动等，大多数都会运用一定的运动器械来完成，被广泛用于各种体育教学活动环节当中。通过各种器械练习，不仅能综合提高幼儿的攀登、钻、爬、滚、翻、跳、平衡等能力，发展幼儿走、跑、跳、投等动作技能和手臂肌肉力量，而且能发展动作的灵敏性、协调性、准确性等。同时有利于增加运动负荷，提高动作难度；有利于增加幼儿的运动兴趣，调动学前儿童参加体

育活动的积极性。

从体积来分，运动器械可分为大型固定性运动器械，如攀登架、滑梯、转椅、秋千、浪船、宇宙飞船、攀网、肋木、摇马、跷跷板、蹦蹦床、充气床垫、"海洋球"池、联合器械等；中小型可移动运动器械，如平衡木、拱形门、投掷架、木制台阶、小梯子、垫子、小三轮车、脚踏车、小手推车、滑板车等；手持的各种小型运动器械，如皮球、塑料球、气球、乒乓球、儿童羽毛球、板羽球、木球、棍棒、橡皮筋、跳绳、塑料圈、小哑铃、小凳子、小椅子、小沙包、毽子、小高跷、铁环、小飞镖等。

5. 儿童体育游戏

儿童体育游戏是一种综合性较强的体育活动，也是学前儿童体育教学活动的主要形式。它是根据儿童身体、心理发育特点，以游戏的形式来进行体育教学锻炼的一种手段和方法，使儿童在游戏的过程中快乐地提高了身体的灵活性，也发展了身体素质，还培养了良好的意志品质等。

思考题

1. 学前教育专业体育教学目标有哪些？
2. 学前儿童体育活动教学应遵循哪些原则？
3. 学前儿童体育教学任务包括哪些？

模块二
速度与力量

项目一　走

一、走步的基本知识

走步也称行走，是人体移动位置最基本的一种运动方式，属于周期型动作。

走步是人生活中最基本的身体活动动作，是幼儿需要学会的基础动作；同时，也是促进幼儿身体发展的重要手段之一。学前时期正是走步能力发展和身体姿势形成的重要时期。步行可以有效地锻炼幼儿下肢部位的肌肉、骨骼、关节和韧带，发展下肢力量，提高身体的平衡能力和协调能力。

二、走步的特点和基本要求

（一）放松、自然，上体保持正直

正确走步时，身体保持放松、自然，上体保持正直。走步时，肌肉的活动应该是收缩与放松交替进行的，只有这样一张一弛地交替进行，肌肉活动才能得以持久。错误的走步动作，会使得肌肉容易疲劳，也会影响走步的协调性。之所以要求上体保持正直，是因为这样可以减少胸、腰、背等部位肌肉的负担，有利于幼儿脊柱和胸廓的正常发育。如果幼儿在走路时出现低头或弯腰等不正确的走步姿势，则要及时纠正。

（二）合理而稳定的节奏

走步的步幅忽大忽小，步频忽快忽慢或步频过快等，都容易使身体产生疲劳。只有步幅、步频适度而又有节奏地均匀地行走，才能省力和持久。

（三）保持重心稳定

走步时，应尽量控制身体的重心，减少身体重心起伏摇摆可以节省体力，提高速度，不影响走步动作姿势美观。控制两脚走步时的间距，避免幼儿走步时身体左右摇摆。控制走步时的抬腿高度，如抬腿过高，会造成身体重心上下起伏，甚至出现"原地踏步"的现象。

（四）手臂随着走步节奏适度地前后摆动

走步时，两手臂应前后适度摆动，一是可以保持身体的平衡；二是有助于加大步幅、调节步频。

如果走步时两臂向左右方向摆动，不但不能有效地保持身体平衡，反而会加大身体左右摇摆的幅度，并会过多地消耗体力。

双臂做前后摆动时应注意摆动的幅度，摆臂幅度不应过大，否则会影响走步动作，姿势不够美观，而且会过多地消耗不必要的体力。

（五）落地时脚尖朝正前方并且力度要轻

在脚落地时，脚尖要稍指向正前方，避免出现"内八字步"或"外八字步"。因为人体向前行走，主要是依靠由后腿用力蹬地所产生的来自地面的反作用力的作用，如果走步时出现"内八字步"或"外八字步"，则后蹬方向是指向斜后方的，所产生的反作用力与身体前进的方向就不能保持一致，会使力量分散，这不仅会浪费体力，影响走步速度，也会影响动作姿势的美观，因此，落地时，脚尖应做到尽量朝正前方。

在脚落地时，脚接触到地面会给身体带来一定的阻力和震动。如果脚落地过重，会使身体受到较大的震动，容易使身体产生疲劳，也会影响下肢部位关节、韧带和骨骼的正常发育与健康。因此，落地时，力度要轻一些，不要用力蹬地或踏地。

三、走步动作的练习

（一）走步动作教学目标

（1）幼儿在学习自然走步保持动作正确的基础上，可增加步幅和频率，做到步幅大而均匀、落地轻、姿态端正、摆臂自然、上下肢协调、节奏稳定。

（2）在走步的基本动作及动作技能的基础上，应不断丰富走步动作练习的内容，增加难度，通过各种走步运动方式，增强幼儿的下肢力量、灵敏性、协调能力和方位感。

（3）学会几种走步的运动方式与游戏，有独立游戏的能力。

（4）逐步加强幼儿与其他儿童协同走步的能力，使其更具有纪律观念、规则及社会意识。

（二）指导幼儿走步动作练习的基本要点

（1）为幼儿提供一个安全的环境，在幼儿学习和练习走步的过程中，教师要注意保护幼儿。

（2）对幼儿的走步动作教学，应以培养走步动作的正确姿势为主。

（3）要鼓励幼儿勇于实践，大胆迈步。

（三）走步动作中常见的错误动作

（1）出现"内八字步"或"外八字步"。

（2）抬腿过高。

（3）脚落地时过重。

（4）上下肢不协调，同手同脚。

（5）低头含胸。

（6）步幅过小或过大。

（四）走步基本动作

1. 自然走步

【动作要领】动作放松、自然，上体保持正直；步频和步幅适当；两臂适度前后摆动；脚尖方向向正前方；脚落地要轻，如图 2-1 所示。（练习的过程应强调幼儿走步动作与基本口令要一致。）

2. 高抬腿走

【动作要领】在自然走步的基础上，不断加大手臂摆动的幅度及下肢屈膝抬腿的高度。手臂直臂摆高平行地面；屈膝，大腿与地面平行成高抬腿动作，如图 2-2 所示。（此练习强调幼儿下肢力量、节奏及协调能力的发展。）

图 2-1　自然走步

图 2-2　高抬脚走

3. 大步走

【动作要领】在进行大步行走时，要求上身挺直，向前尽可能迈出一大步，屈膝；后腿用力蹬直，前脚掌着地；同时，两手压住前腿膝关节，身体向下振动，随后换后腿向前跨一步走。如此反复，如图 2-3 所示。（此练习强调幼儿大腿力量及走步节奏感的发展。）

4. 前屈向前（后）走

【动作要领】身体前屈，两腿伸直，全脚掌着地，手指交叉握于前，手臂伸直，尽力伸向地面，向前行走时，手臂随着身体的摆动，左右晃动。在此基础上，可以要求幼儿双手握住脚踝以增加练习难度，如图 2-4 所示。（此练习强调幼儿平衡能力及柔韧性的发展。）

图 2-3　大步走　　　　　　　　图 2-4　前屈向前（后）走

5. 顶脚向前走

【动作要领】双脚踩在一条直线上，向前行进；每走一步，后脚脚尖紧贴前脚的脚跟，一步一步地向走，注意双脚必须相连；同时，注意身体的平衡，如图 2-5 所示。（此练习强调幼儿平衡能力的发展。）

6. 前脚掌走

【动作要领】脚跟提起，用前脚掌走，步幅小，膝盖不弯曲，上体保持正直，自然挺胸两手叉腰或前后自然摆动，如图 2-6 所示。（此练习强调幼儿小腿力量的发展。）

图 2-5　顶脚向前走　　　　　　图 2-6　前脚掌走

7. 弹簧步走

【动作要领】上体保持正直，支撑腿伸直起踵；一腿向前摆动，脚面绷直，由前脚掌着地后再柔和过渡到全脚掌着地；重心积极前移，后腿随之弹性屈伸；重复前腿动作。手臂可直臂摆动，也可双手背于身后。双脚走在同一直线上，如图 2-7 所示。（此练习强调幼儿踝关节的灵活性、节奏感及小腿力量的发展。）

8. 全蹲走

【动作要领】身体成全蹲，双手握住脚踝，胸部紧贴大腿，两脚左右开立，向前走。

此动作可以集体同时进行，由教师在前面带领方向的改变；也可进行此动作幼儿相互间的追逐。由于此方式的练习运动强度较大，教师要注意调节运动强度，如图 2-8 所示。（此练习强调幼儿的协调能力、配合能力及腿部力量的发展。）

图 2-7　弹簧步走

图 2-8　全蹲走

9. 侧身并步走

【动作要领】身体侧向前进方向，腿稍屈，一腿侧出；另一腿快速并拢，如此反复移动。在此动作的基础上，可持物练习，也可进行双人协同练习。双人协同练习时，可以进行面对面手牵手，臂搭臂的练习，也可以进行背对背练习，如图 2-9 所示。（此练习强调幼儿的协调能力、配合能力及踝关节力量的发展。）

10. 交叉走

【动作要领】身体侧向前进方向，保持正直；一腿侧出；另一腿超越前腿交叉于前腿前或后，前腿再侧出。如此反复，进行移动。在交叉时，可进行单独的前交叉，或单独的后交叉，也可进行一前一后轮换交叉练习，如图 2-10 所示。（此练习强调幼儿的协调能力及节奏感的发展。）

图 2-9　侧身并步走

图 2-10　交叉走

四、走步活动案例

案例一

过桥（小班）

【活动目标】

（1）幼儿通过持物走过不同宽度和高度的平衡木，锻炼身体的平衡能力。

（2）体会顺利过桥的活动乐趣。

【活动准备】

（1）大号的长方形积木若干条。

（2）高度和宽度不同的平衡桥：斜坡桥、低而窄的桥、高且宽的桥。

【活动过程】

（1）准备活动：队列活动。

教师引导幼儿进行队列练习。

（2）教师说明活动要求，组织幼儿练习走平衡。

教师：（情境设置）小朋友们，我们要到游乐场去，但是要先通过几座桥，大家试试看能不能勇敢地走过去。

幼儿：自选桥，练习走平衡。

教师：选择表现突出的幼儿进行示范，引导幼儿观察同伴的头部、脚部动作，提示幼儿眼睛看前方。

幼儿：再次自由练习，教师根据幼儿走的情况及时给予指导，鼓励幼儿挑战有难度的桥并进行适当保护。

（3）活动小结。

（4）放松整理。

【活动建议】

（1）教学变式：根据幼儿的能力可以在小桥之后增加间隔物，让他们有更多练习平衡的机会。长方形的积木可用牛奶箱代替，幼儿所持的物体可以用大小不同的球等代替。

（2）领域渗透：通过过桥这一活动，教师和家长可以给幼儿讲解"飞夺泸定桥"的红色故事，从小培养他们不怕困难的品质和爱国情怀。

案例二

动物运动会（大班）

欢乐动物园

【活动目标】

（1）练习听口令进行走、跑、跳跃，体验走、跑的快、慢变化，锻炼身体的灵活性、协调性及反应能力。

（2）提高儿童注意力，培养遵守规则的良好习惯，提高体育活动兴趣。

【活动准备】

空白场地、有不同日常动物叫声的音乐。

【活动过程】

（1）准备活动，幼儿在教师带领下进行上肢运动、下蹲运动、体侧运动、体转运动、全身运动、跳跃运动、整理运动。

（2）游戏过程。

教师：组织幼儿围成一个大圈，带领幼儿在圈上玩"听口令"的游戏。教师喊"1"

的时候是慢走，喊"2"的时候是小跑，喊"3"的时候则停下来。要求完成2~3圈。

幼儿：幼儿站在圈上跟着教师，按照老师的口令进行活动。

教师：小朋友们，动物园里现在正在开动物运动会，小动物们会通过跑和跳来争夺冠军，下面我们一起来看看小动物们怎么玩吧。教师把口令换成动物叫声的音乐，小朋友们听到什么动物叫，就模仿这个动物的走、跑、跳动作。播放3~5遍音乐，途中有做错的小朋友则淘汰出列。

幼儿：大家先听一遍音乐，然后在圈上自由做出动物的动作。接下来按照教师的音乐节奏进行，在圈上边走边仔细听声音并做出相应动物的动作。

教师：教师根据幼儿模仿动作的情况指导。

【活动建议】

（1）前面进行简单"听口令"游戏是进行后面游戏的预热，游戏难度循序渐进。

（2）动物叫声的音乐节奏要视幼儿能力而定，即教师要提前处理好音乐，活动过程注意幼儿间的间距，避免出现身体碰撞。

（3）也可以在游戏过程中增加其他活动内容，如可以将动物叫声与动物模仿操结合。

🦆思考题

1. 走步过程中常见的错误动作有哪些？

2. 设计一个小班幼儿走步练习的游戏活动，活动情境和道具自拟。

项目二　跑

🏛️学习目标

知识目标：了解跑的基本知识；掌握跑的正确动作。

能力目标：掌握学前儿童跑的动作要领及各种跑的活动游戏，在实践中灵活组织跑步动作的练习。

素质目标：培养青年大学生不怕困难、顽强拼搏的良好意志品质，精益求精的进取精神。

一、跑步的基本知识

跑步是人日常生活中最基本的活动技能，是幼儿需要学会的基本动作，也是锻炼幼儿身体发展的重要手段。跑步的种类很多，有强度大较为剧烈的快速跑和追逐跑，也有速度慢强度低的慢跑，不同的种类锻炼效果也各有千秋，让学前儿童经常参加适当的跑步活动，可以有效地增强幼儿的心肺功能和腿部肌肉力量，发展速度、灵敏性及耐力等。

二、跑步的特点和基本要求

跑步也是一种反复做同一动作的周期型运动，以左右脚各跑一步为一个周期，每个周期有两个阶段，支撑阶段与腾空阶段。其中，支撑阶段又包括落地和后蹬两个时期。跑步速度的快慢取决于后腿蹬地的力量与速度，蹬地动作的力量越大、蹬地速度越快则跑步的速度越快，反之则速度越慢。

幼儿跑步时应当自然放松，头正，脚尖正，自然挺胸，平视前方，双臂前屈自然放松以肩关节为轴前后自然摆动，向正前方摆腿，腿蹬地时发力，落地时要轻；步频、步幅节奏平稳合理，保持身体重心稳定。

三、跑步动作的练习

（一）跑步动作教学目标

（1）增强幼儿跑步能力，增强幼儿跑动中的反应能力、速度，逐步增长幼儿跑动的距离。

（2）在跑步基本动作正确的基础之上，不断丰富跑的内容，增加跑的难度，从而提升幼儿下肢力量、灵敏性、协调能力及方位感。

（3）不断加强幼儿跑步动作技能的练习，一方面提高身体素质；另一方面使得基本跑步能力进一步提升。

（4）在各种综合性的活动中，使幼儿跑的能力得以运用和巩固。

（5）学会几种跑的游戏，有独立游戏的能力。

（二）指导幼儿跑步动作练习的基本要点

（1）在安排和组织幼儿跑步活动时，教师应根据幼儿的身体状况、年龄特点，以及季节气候等因素，选择适宜的跑步类型，安排合理的活动量。

（2）幼儿跑步动作教学的重点是腿的动作，教师应该要求幼儿跑步时"步子大些，落地轻些"，这不仅有利于幼儿跑步能力的发展，而且有利于幼儿身体的健康。

（3）教师在幼儿在跑步前应做好充分的热身准备，以防止在跑步时受伤。

（4）教师要注意对跑步练习的时间和强度进行控制，不要让幼儿身体负荷过重，过于疲劳。

（5）在幼儿进行追逐跑、竞赛跑的游戏活动时，教师要时刻提醒幼儿注意观察周边情况及时躲闪，不要相互碰撞，从而保证幼儿运动时的安全。

（三）跑步动作中常见的错误动作

（1）出现"内八字"或"外八字"。

（2）身体重心过低。

（3）重心过于向前。

（4）全脚掌着地，落地过重。

（5）摆臂幅度过小或过大。

（6）身体不协调。

（7）步幅过小或过大。

（四）跑步基本动作

1. 跑步基础动作

【动作要领】身体自然放松，头部及上身保持正直，双臂以肩关节为轴前后摆动，脚尖向前，前腿向前摆动，后腿发力蹬地，前脚落地时要轻，保持合理而稳定的节奏，如图2-11所示。（练习的过程中教会幼儿跑步的基本口令。）

2. 起跑动作

【动作要领】幼儿阶段练习站立式起跑。准备时双脚前后开立，间隔一步距离，身体稍前倾，双腿微屈，重心在前脚上，前脚全脚掌着地，后脚前脚掌着地，双臂呈跑步时的动作，如图2-12所示。（此练习可锻炼幼儿的反应能力。）

3. 摆臂练习

【动作要领】两脚前后站立，上体重心稍前，双臂前屈，手握空心拳，跟随教师的口令，有节奏地进行前后摆臂动作练习，摆臂时要发力并保持较大的幅度。练习时可通过口令变换练习节奏，如图2-13所示。（此练习可锻炼幼儿的协调能力。）

图 2-11　跑步基本动作　　　图 2-12　起跑动作　　　图 2-13　摆臂练习

4. 跨大步跑

【动作要领】要求有意识加大步幅，使身体重心尽量向上，步频减少；在开始练习时可以先从一步跨跃开始练习，再逐步过渡到到多步跨跃的练习。教师应给幼儿左右脚安排同等练习，且跑动距离不宜过长，如图2-14所示。（此练习可锻炼幼儿的腿部力量和协调能力。）

5. 后踢腿跑

【动作要领】双手放于背后，幼儿小腿向后踢，使小腿与大腿充分折叠，并能接近或接触到手掌，向前时摆动幅度小，步频高，前脚掌着地。此动作既可进行原地跑动，也可进行小步的向前跑动，如图2-15所示。（此练习强调幼儿节奏及步频的发展。）

6. 高抬腿跑

【动作要领】上体保持正直，两手掌心向下平放于体前腰间，且抬腿时，膝关节应尽量抬高，使大腿触及手掌。此动作可从原地练习逐步过渡到行进间练习，如图2-16所示。（此练习可锻炼幼儿的腿部力量和协调能力。）

图2-14　跨大步跑　　　　图2-15　后踢腿跑　　　　图2-16　高抬腿跑

7. 变向跑

【动作要领】正常跑步姿势，在改变方向时，身体重心稍降低，将脚尖向前扒地改为沿跑动方向侧向扒地；同时，身体中心侧移，形成身体方位的改变。在练习时可以通过改变障碍物的摆放间隔，增加练习难度，并能促进幼儿灵敏度的发展。

8. 跨障碍跑

【动作要领】在直线上放置一定高度的障碍物，让幼儿沿直线跑动，遇到障碍物时，后腿用力蹬地，向前上方发力，使身体形成较高腾空跃过障碍物。此练习促进幼儿腿部力量及协调能力的发展。

四、跑步活动案例

 案例一

听命令抱团（小班）

指令游戏

【活动目标】

（1）通过各种起跑的游戏，提高幼儿快速起动的能力。

（2）加强幼儿听信号做出反应的能力。

【活动过程】

（1）教师介绍游戏规则：听到名字的人站立不动，其余人迅速向站立的人靠拢；游戏第三步中，抱成团的人数多于或少于要求的数字视为失败。

（2）幼儿在教师的指令下活动。

幼儿成一路纵队围成一圈，前后保持一定的距离，教师站于圈中指挥，让幼儿进行绕圈走的练习。

①游戏第一步：在行进中，教师喊自己的名字，听到要求后，所有小朋友们快速跑到老师的身边，抱成一团。

②游戏第二步：在行进中，教师任意喊出圈中某两个对应站立幼儿的名字，听到名字后，两名幼儿不动，其他幼儿快速自由分开，跑到这两个幼儿的身边，抱成团。

③游戏第三步：在行进中，教师任意喊出2~4中的数字。在听到喊出的"数字"后，小朋友们按该数相同的人数快速分组抱成一团。游戏可反复进行。

【活动建议】

（1）教师在游戏第三步中，所喊的数字不宜太大，以2~4为宜。

（2）在游戏第二步时，如果进行游戏的人数太多，教师可以喊两个以上幼儿的名字进行游戏，应注意所喊的幼儿最好是均匀分散在圈上的各个位置上。

（3）幼儿阶段，跑步的练习更多结合跑动中的反应进行游戏的设计。此过程提高了肌肉的应激速度，从而不断增强了肌肉力量。由于更多用到感觉器官的刺激，此类游戏更容易激发幼儿的兴趣。因此，在设计此类游戏时，教师注意跑动的距离不要太长。

案例二

弧形跑、绕障碍跑（中班）

【活动目标】

（1）各种变向跑的游戏可以提高幼儿的灵敏性。

（2）加强幼儿间的合作力度。

【活动过程】

（1）环节1：幼儿分为两组，青蛇组和白蛇组。两组小朋友相对分别站在跑道的弧线上，每组选定一位小朋友作为蛇头，带领全组小朋友在弧线上慢跑1~2圈，跑步节奏要匀速有序。

（2）环节2：在环节1的基础上，鼓励小朋友加快速度去追赶对方小朋友，而对方小朋友则想办法不被追上。由此形成一个相互追逐，躲避的形式。

（3）环节3：两条"小蛇"经过一轮追逐后，慢慢经过屈曲的山路爬回去休息了。

【活动建议】

（1）跑步圈数视幼儿体能情况而定。

（2）在游戏的组织上，也可把跑动的路线进行多种变换。

（3）运用各种器材作为障碍物，幼儿在其中绕行跑动。

（4）也可通过障碍物之间的距离调节来提升幼儿身体的灵敏性。障碍物的间距越大，要求越低；间距越小，则要求越高。教师在组织活动的过程中应有目的地进行各种设置来加大难度。

案例三

猫抓老鼠（大班）

猫鼠游戏

【活动目标】

（1）通过各种变向跑的游戏，提升幼儿的奔跑能力及灵敏性。

（2）加强幼儿的反应能力。

【活动过程】

教师介绍游戏规则

场地上画出一个大小合适的圆圈，圆圈内放置一个装有一定数量粮食（可用沙包替代）的筐。幼儿分为两个小组，一组幼儿站在圆圈上充当粮仓围墙。在另外一组小朋友中，挑选2~3名扮演保护粮食的小猫，站在"粮仓"周围，负责保护好粮食，其他小朋友站在圆圈外扮演老鼠，"老鼠"们伺机钻进围墙到粮仓内偷粮食，"小猫"们发现后用手里的气球棒进行驱赶抓捕，被抓住的老鼠则站在圈上扮演围墙。两组小朋友需要在规定时间内完成游戏，以最后保护留存粮食多的小组为胜方。

【活动建议】

（1）扮演小猫的幼儿数量应根据场地大小，小组人数的多少进行调整。

（2）扮演围墙的两两间距尽量大些，以免"老鼠"在进出"粮仓"时发生碰撞。

思考题

1.幼儿在跑步过程中常见的错误动作有哪些？

2.设计一个中班幼儿障碍跑练习的游戏活动，活动情境和道具自拟。

项目三　跳

学习目标

知识目标： 了解跳跃的基本知识；掌握跳跃的正确动作。

能力目标： 掌握学前儿童跳跃的动作要领跳的活动游戏，在实践中灵活组织各种跳跃动作的练习。

素质目标： 培养青年大学生不怕苦、不怕累的良好意志品质，以及勇于拼搏的进取精神。

一、跳跃的基本知识

跳跃是非常常见的一种动作，内容也十分丰富，是幼儿需要学会的基本动作，也是一种非常实用的锻炼动作，幼儿通过跳跃练习可以增强腿部的力量，提高弹跳能力、爆发力，以及身体的协调性和灵敏性。

二、跳跃的特点与基本要求

跳跃属于非周期性动作。跳跃的形式多种多样，如原地双脚跳、原地单脚跳、侧跳、助跑跳等，跳跃的整个动作由四个过程组成：预备、起跳、腾空和落地。预备时要自然放松，仅用必要的力量控制全身，膝盖自然弯曲。起跳时要全身瞬间发力，蹬地向上。腾空时全身要放松，控制住身体，保持姿势。落地时膝盖要迅速自然弯曲起到缓冲作用。

跳跃动作的基本要求是蹬地有力，腾空时保持身体平稳，落地要轻，四肢协调。

三、跳跃动作的练习

（一）跳跃动作教学目标

（1）在跳跃的基本动作正确的基础上，不断丰富跳跃的练习内容，逐步增加跳跃的难度，增强幼儿下肢力量、灵敏性及协调能力等方面的发展。

（2）学会几种练习基本跳跃动作技能的方法，提升练习难度，增强幼儿自我练习的机会。

（3）加强幼儿运用器材进行跳跃的能力，要求动作连贯、节奏稳定。

（4）在各种活动中，使幼儿跳跃的能力得以运用和巩固。

（二）指导幼儿跳跃动作练习的基本要点

（1）为学前儿童提供适宜的活动场地。跳跃的练习，尽量避免在坚硬的地面上进行，尤其是不要在高低不平的砖地上做跳跃活动，应尽量在较柔软的地面上进行，如泥土地、泥沙地、草坪或地毯等。如果必须在水泥地上进行跳跃练习，一定要先教会幼儿轻轻落地的动作，并提醒幼儿落地动作要轻，以保证幼儿身体得以健康发育。

（2）根据不同种类跳跃动作的需要，给予相应的指导。跳跃活动的种类很丰富，教师在进行指导时一定要根据不同种类跳跃动作的需要，给予相应的指导。例如，在指导幼儿进行双脚连续向前跳（如学小兔子跳）时，重点应放在轻轻落地的动作教学和要求上；在指导幼儿进行立定跳远时，强调的重点应该放在摆臂与蹬地动作方面，即要求幼儿摆臂要协调而有力，蹬地要快而有力；在指导幼儿进行侧跳练习时，要点则应放在教会幼儿如何在跳跃的过程中变换身体的方向。

（三）跳跃动作中常见的错误动作

（1）跳起时，向上屈大腿或向后屈小腿。

（2）上下肢不协调。

（3）起跳时蹬伸不充分。

（4）落地力量过重没有缓冲。

（5）落地时身体不平衡。

（四）跳跃基本动作

1. 并腿纵跳

【动作要领】在原地进行的两腿起跳向上跳跃的动作，运用直膝纵跳的方式进行，以踝关节为主要发力点向上跳跃的动作，练习时要求身体呈正直，双手叉腰，跳跃时膝关节尽量不弯曲，用前脚掌反复着地，向上跳跃的动作，如图 2-17 所示。

2. 立定跳远

【动作要领】立定跳远的动作可分为四个部分，预摆、起跳、腾空、落地缓冲。

预摆：两脚左右开立，与肩同宽，两臂前后摆动，前摆时，两腿伸直，后摆时，屈膝降低重心，上体稍前倾，手尽量往后摆。

要点：上下肢动作协调配合，摆动时一伸二屈降重心，上体稍前倾。

起跳、腾空：两脚快速用力蹬地；同时，两臂稍曲由后往前上方摆动，向前上方跳起腾空，并充分展体。

要点：蹬地要快速有力，腿蹬和手摆要协调，在空中要充分展体，强调离地前的前脚掌瞬间蹬地动作。

落地缓冲：收腹举腿，小腿往前伸；同时，双臂用力往后摆动，并屈膝落地缓冲。

要点：小腿前伸的时机把握好，屈腿前伸臂后摆，落地后要往前，如图 2-18 所示。（此练习可促进全身力量及协调能力的发展。）

图 2-17　并腿纵跳

图 2-18　立定跳远

3. 并腿不同方位跳

【动作要领】在并腿纵跳的基础之上改变身体位置的一种跳跃方式。基本动作同并腿纵跳，在每次原地跳跃过程中，主动改变身体的方向，形成不同方位的落地，如图 2-19 所示。

4. 单双脚转换跳

【动作要领】身体呈正直，双手叉腰，两脚左右开立。跳跃时，任一脚跳向两脚中间，另一脚悬空，悬空脚后屈于支撑腿的后方，完成后，两脚再次跳跃呈左右开立；第二次换另一只脚完成，如此反复进行练习。此动作技能可以是原地进行，也可在行进中进行练习，此练习促进腿部协调能力的发展，如图 2-20 所示。

图 2-19　并腿不同方位跳　　　　　　图 2-20　单双脚转换跳

5. 单脚跳

【动作要领】在单脚独立的基础上，形成单脚向前跳跃的动作。一腿支撑；另一腿悬空，结合手臂保持身体的平衡，有节奏地向前跳跃。

6. 跑跳

【动作要领】在跑动过程中，身体自然放松，支撑脚向前单脚小跳一次；同时，悬空脚稍屈膝抬起，完成后，快速落地，跑动一小段距离后再向前小跳一次，如此反复向前移动身体。此练习促进腿部协调能力及节奏感的发展。

7. 向下跳

【动作要领】练习向下跳动作时主要强调落地时的缓冲动作。在一定高度上向下跳时，要求双脚同步，前脚掌首先着地，再过渡到整个脚掌。同时，踝关节、膝关节、髋关节自然弯曲，重心稍向前倾，形成充分缓冲。此练习可促进身体协调能力的发展。

8. 双脚变换跳

【动作要领】双脚变换跳练习可分为前后分腿跳和左右交叉跳两种。

前后分腿跳：做动作准备时，呈弓步，双脚呈前后分腿开立，两膝稍屈，跳起后，前脚掌发力，两脚在空中前后互换位置并同时落地，再回到前后支撑。此动作在一定的节奏下反复进行。

左右交叉跳：双脚呈左右开立，跳起后，双脚在空中交叉，落地时，两脚成交叉支撑，再次跳起，两脚跳开立，交叉腿依次轮换前交叉、后交叉动作。在一定的节奏下反复进行。要求两种动作在跳跃过程中始终保持前脚掌着地。此练习可促进腿部协调能力的发展。

四、跳跃活动案例

 **案例一**

你能跳多高（小班）

【活动目标】

（1）纵向跳跃的游戏可以提高幼儿下肢的爆发力。

（2）加强幼儿自我控制的能力。

【活动准备】

竹竿一根、海绵球一个、大塑料板一块、各种粘贴画若干。

【活动过程】

（1）教师介绍游戏规则。

（2）幼儿在教师指导下活动。

①第一步：幼儿在教师的带领下，围成一圈，成纵队绕圈走，教师手执挂有海绵球的竹竿站于圈内，竹竿固定在一个位置，教师根据不同幼儿的能力，调整海绵球的高度，每个幼儿经过时，尽力跳起。接下来，用头触击海绵球。

②第二步：同第一步游戏的组织，幼儿经过海绵球时，尽力跳起，用手拍打海绵球，教师注意高度的调节。

③第三步：组织同上；每个幼儿发一张粘贴画，教师手举大塑料拼板，站于圈内。幼儿经过塑料拼板时，尽力跳起，把手中的粘贴画粘在塑料拼板上，看谁能把粘贴画粘得更高。

④第四步：在一定高度的平面上拉起一网，在网内放置一些气球或皮球，幼儿跳起，用手或头击打气球或皮球，让球飞起来。

【活动建议】

（1）纵跳是幼儿喜欢的运动方式之一，本游戏主要针对一次性纵跳进行设计，教师也可针对多次连续性纵跳进行设计。

（2）结合器材进行纵跳的练习很多，如画彩虹。方法是让幼儿手拿各种不同颜色的画笔一枝，尽力跳起，在一定高度的画纸上快速涂鸦，不同小朋友在同一位置反复进行，观察能画出什么样的彩虹。可分组进行，也可单组进行。

（3）纵跳主要表现在小腿力量及大腿力量两个方面，小腿力量的发展对于幼儿跑、跳能力都有着重要的作用。在幼儿园中，可多采用不屈膝的方式进行着重练习。屈膝跳更强调各部分肌肉的综合运用，对于大腿力量有更高要求，半屈膝的方式能加快跳跃的速度和效果，同样也需要反复练习。

案例二

跳图形（中班）

【活动目标】

结合器材进行各方位及姿势的跳跃可以提高幼儿下肢力量及协调能力。

【活动准备】

硬纸板剪成的各种形状的框架若干（长方形、正方形、圆形等）、卡纸剪成的方向标若干。

【活动过程】

①第一步：把各种形状的框架进行拼接，包括长方形、正方形、圆形，长方形内进行双脚跳；正方形内进行单脚跳；圆形内进行双脚转身跳的练习。把幼儿分成若干组，依次跳过各种形状，根据练习密度的要求，控制前后两人的距离。

②第二步：把相同的长方形框架拼接成若干条直线，在每个长方形框架内放置一个方向标，幼儿根据方向标的要求，通过双脚跳的方式，进行各种姿势跳跃的练习，其中包括并脚向前跳、转体 90°（180°）跳、侧向跳等各种变向跳的练习。教师根据不同的难度对每条线进行设计，幼儿展开挑战。

【活动建议】

（1）此类游戏可变化的内容非常多，例如，图形次序的变化，各种形状框架的组合的不同；整体图形方向的变化等；方向标的变化可行各种难度要求；单双脚的变换；无方向标时需要跳过的变换等教师根据幼儿能力进行合理安排。

（2）可以在硬纸板中剪出各种方向的脚印，让幼儿踩准脚印跳。既可以是双脚印，也可以是单脚印；可以是直向，也可以把脚印改变出各种方向等方法进行制作。

（3）可以用纸盒制作房子，让幼儿跨越跳。教师需要注意纸盒的高度，在选择和摆放过程中，由低到高进行布置，同时纸盒由大到小进行放置，不断挑战幼儿的并脚跳跃的能力。

案例三

单脚跳大拼盘（大班）

【活动目标】

各种单人及多人单脚跳跃的游戏可以提高幼儿下肢力量、协调及相互合作的能力。

【活动准备】

空白场地、防摔护垫。

【活动过程】

①第一步：单脚支撑。幼儿随机站于场地上，每人之间保持一定距离，听从教师口令。游戏开始，口令："左脚独立不动""换右脚独立不动""转一圈，左（右）脚独立不动""跨一步，左（右）脚独立不动"等。

②第二步：单人花样单脚跳。方法一：一条腿支撑地面；另一条腿垂直于体前弯曲，双手抱住屈起腿的膝关节下部，进行短距离跳跃。方法二：屈起腿向内侧屈，双手抱住小腿及踝关节进行跳跃（同斗鸡动作）。方法三：小腿向身后屈起，双手在体后抱住脚进行跳跃。组织方法同第一步游戏。

③第三步：双人单脚跳。方法一：两人面对面站立，一名幼儿一只脚单脚独立，另一只脚向前伸直；另一名幼儿辅助，双手托住对方伸直脚的踝关节；单脚独立的幼儿进行原地单脚跳跃及绕辅助幼儿跳圈的练习。方法二：跳，如方法一，两人面对面

站立，相互托住对方伸直的腿，进行同步的跳。方法三：编花篮：两人相反方向并排站立，内侧手臂屈肘弯曲互相勾住；同时，内侧脚向后弯曲互相勾住，支撑腿随节奏转圈，同时跳动。在此基础上，可适当增加人数。

④第四步：多人合作单腿跳。三轮车：两名幼儿并肩站立，双侧手相牵，第三名幼儿站于两人身后，单脚跨过前面两名幼儿相牵的手，用膝关节挂于其上，双手分别搭在两名幼儿的肩上，前面两名幼儿向前跑，后面幼儿进行单脚跳跃，三名幼儿同步行动。

⑤第五步：教师在地面上画出直径为2米的圆。两名幼儿站于圆内，双掌相对，十指相扣，手臂伸直，以单脚跳的方式进行对抗，以一方把另一方推出圈外或使得对方双脚着地为胜。教师可用组织分组对抗赛的方式让幼儿活动。

【活动建议】

（1）单脚跳跃的练习方法很多，其中一些方法适合幼儿自主游戏，如跳房子、编花篮等，教师可结合一些儿歌在教学中引导，这也可形成一些集体游戏进行比赛。

（2）在单脚跳的基础动作练习时，教师应增强幼儿弱势脚的练习机会，使幼儿身体能力均衡发展。

思考题

1. 练习跳跃动作时，要注意哪些基本要求？

2. 设计一个中班幼儿跳跃动作练习的游戏活动，要求跳跃形式多样，活动情境、道具自拟。

项目四　投　掷

学习目标

知识目标：了解投掷的基本知识；掌握投掷动作的正确动作。

能力目标：掌握学前儿童投掷的动作要领及投掷活动的游戏，在实践中灵活组织各种投掷动作的练习。

素质目标：培养青年大学生不怕苦、不怕累的良好意志品质，精益求精的进取精神。

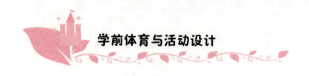

二、投掷的基本知识

投掷是日常生活中十分重要的基本技能，在很多生活场景都需要用到投掷动作，通过投掷动作的练习，可以发展幼儿的上肢肌肉力量、身体协调能力及提升对各种物品的有效控制能力。

二、投掷的特点和基本要求

投掷的动作是非周期性动作。投掷动作一般分为两类，即掷远和掷准。

（一）掷远

掷远的目的是尽可能地将投掷物投得更远。这种动作属于速度型力量动作。一方面，幼儿需要用力投掷，在此过程中，挥臂、甩腕的动作十分关键，要善于合理地利用上肢及腰背等部位肌肉的力量；另一方面，幼儿在挥臂、甩腕时，动作要快，这样才能获得较大的爆发力，从而使物体能掷得较远。掌握合适的出手角度与出手时机也很重要，它直接关系到投掷物行进的方向与远度。投掷物出手早，角度就大些。相反，出手晚，角度就小些。因此，调整和控制好出手时机便能达到较理想的出手角度。

幼儿掷远的动作有多种，如正面投、背后过肩投、半侧面投、半侧面转体肩上投掷等。可以根据幼儿的年龄和能力特点，由易到难地进行学习和练习。掷远动作的教学重点和难点是挥臂动作和转体动作。

（二）掷准

掷准是要求尽可能将投掷物击中指定的目标。掷准比掷远更难，因为掷准不仅需要具有一定的肌肉力量，还需要具有良好的目测能力以及动作的准确性。

幼儿掷准的动作也十分多样化，如肩上投、胸前上抛、胸前下抛，还有地上抛球等。投掷的目标也称为"靶"。"靶"一般有静止的和活动的之分。静止的"靶"，如地面上竖起的积木块、头顶上的小篮球网架等。活动的"靶"，如用一只球击地面上滚动着的另一只球、用沙包击打正在圈内跑动的其他幼儿等。

三、投掷动作的练习

（一）投掷动作教学目标

（1）运用多样性基本投掷动作，结合多种材料及目标，不断提高幼儿上肢爆发力、协调能力及投掷的兴趣。

（2）在学前阶段逐步强调幼儿的投掷从掷远到掷准的动作技能发展要求。不断完善基本投掷的姿势，增加多种投掷的方法，以达到姿势正确，挥臂自然，增强幼儿上肢力量及准确性的发展。

（3）结合其他各种形式的运动，提高投掷动作在其中的运用能力，使投掷动作得以巩固。

（4）使幼儿掌握几种基本的投掷游戏，达到自主游戏的目的。

（二）指导幼儿投掷动作练习的基本要点

（1）在投掷的活动中，要让幼儿左右手都参与练习，这样有利于促进幼儿身体两侧肌肉的协调发展。

（2）在掷准的练习中，幼儿掷准的距离应由近到远，掷准的目标应由大到小、由静到动，并让幼儿练习多种形式的掷准活动，丰富活动的内容，逐渐发展幼儿的掷准能力。

（3）为了提高和保持幼儿参与投掷活动的积极性，应经常变化投掷物和投掷目标（即"靶"）。对于投掷物的选择要适合幼儿，注意其重量大小以及安全性。

（三）投掷动作中常见的错误动作

（1）动作不连贯、不协调。

（2）投掷方向和角度错误。

（3）投掷完成后的缓冲动作过大或过小。

（四）投掷基本动作

1. 单手肩上向前投掷

【动作要领】身体侧向投掷方向，两脚成丁字步前后站立，重心后倒；投掷臂后引，眼看前方。投掷时，后腿向前蹬起，同时转体，挺胸；手臂由身后经头侧快速向前上方挥臂、甩腕、伸展指关节。在动作中，屈臂要求肘关节高于肩关节，如图2-21所示。（此练习强调幼儿基本投掷动作的掌握，发展上肢力量及协调能力。）

2. 单手肩下向前抛滚

【动作要领】身体面向投掷方向，两脚前后开立一步距离；右手投掷，左脚在前。投掷时，身体重心向前移动并不断降低；投掷臂伸直，手臂随身体由后向前积极摆臂、甩腕、伸指关节，如图2-22所示。（此练习发展幼儿肩、腕力量，提高幼儿控制器材的能力。）

图2-21　单手肩上向前投掷

图2-22　单手肩下向前抛滚

3. 单手肩下侧向投掷

【动作要领】身体侧向投掷方向，两脚前后开立一步距离；右手投掷，左脚在前；腰部向后转动。投掷时，投掷臂于体侧稍屈，随腰部快速向前转动，蹬腿、挺胸、摆臂、甩腕，如图2-23所示。（此练习发展幼儿肩、腰、腕力量，提高幼儿控制器材的能力。）

4. 双手肩上向前投掷

【动作要领】身体面向投掷方向，两脚成弓步前后站立；后腿屈，前腿稍直，重心落于后脚；双手持投掷物屈臂放于脑后。投掷时，身体重心快速向前移动；顶髋，屈前腿膝，后脚积极并于前脚，上体收髋积极下压；双臂经后脑，随身体由后向前上方快速伸展肘关节，手臂摆动，压腕，如图 2-24 所示。（此练习发展幼儿腰背、肩、肘、手腕力量及身体的协调能力。）

图 2-23　单手肩下侧向投掷　　　　　　　　图 2-24　双手肩上向前投掷

5. 双手肩上向后投掷

【动作要领】身体背向投掷方向，两脚左右开立，稍宽于肩；屈膝，上体前屈；双手持投掷物垂于体前。投掷时，快速伸直膝关节，身体向上伸起；上体积极向后伸展；两臂随身体的移动，经体前快速向身后直臂摆动，压腕，如图 2-25 所示。（此练习发展幼儿腰背、肩部力量及身体的协调能力。）

6. 双（单）手肩下向上抛掷

图 2-25　双手肩上向后投掷

【动作要领】两脚左右开立，双（单）手持器材于体前；屈膝，身体重心向下，直臂下垂（后摆）。投掷时，身体积极向上；同时，手臂由下向上快速摆动。此动作多结合个人抛接进行练习；或进行两人间抛接练习，如图 2-26 所示。（此练习发展幼儿肩背及下肢力量，可提高练习控制器材的能力。）

7. 双（单）手肩下向后抛滚

【动作要领】身体背向投掷方向，双脚左右开立宽于肩；双（单）手持投掷物于体前举起。投掷时臂上举，上体积极向前屈，同时持投掷物，快速经体前，从下向后直臂摆动，如图 2-27 所示。（此练习发展幼儿肩部及腰背力量，可提高幼儿控制器材的能力。）

图 2-26　双（单）手肩下向上抛掷　　　　图 2-27　双（单）手肩下向后抛滚

8. 双手肩下侧向转体抛掷

【动作要领】背向投掷方向，两脚左右开立；两手直臂持投掷物于体前。投掷时，重心降低；以左（右）脚为轴，蹬右（左）脚，拧腰，身体积极从左（右）侧转体；同时，双臂平举，把器材向投掷方向的前上方抛出，如图2-28所示。（此练习发展幼儿腰部及肩背部力量，提高幼儿身体的协调能力。）

9. 双手胸前投掷

【动作要领】身体面向投掷方向，两脚成弓步前后站立；双手持投掷物屈臂于胸前；身体重心移于后腿。投掷时，后脚蹬地，身体积极向前；同时，双臂快速向前伸出，抖腕、拨指，如图2-29所示。（此练习可发展幼儿手臂的力量及控制器材的能力。）

图2-28　双手肩下侧向转体抛掷

图2-29　双手胸前投掷

四、投掷活动案例

案例一

羽毛球投掷（小班）

【活动目标】

（1）结合羽毛球进行投掷的游戏可以增强幼儿上肢力量。

（2）增强幼儿投掷的准度及远度。

【活动准备】

羽毛球若干、雨伞一顶。

【活动过程】

1. 游戏方法一：掷准

（1）教师带领幼儿在场地上围成一圈，每人手执一个羽毛球，教师执伞站于圆心。游戏开始，在教师的口令指挥下，幼儿把手中的羽毛球掷向雨伞，看谁掷得准。

（2）教师握住雨伞顶部，使伞朝上，幼儿进行投掷，看谁能把羽毛球投入伞内。

（3）同（2）中的方法进行，教师在圈内不断移动位置，幼儿进行投掷。

（4）在游戏方法一中，幼儿必须站于圈外进行投掷，未投入时，要捡回羽毛球，回到原来位置继续投掷。

2. 游戏方法二：掷远

幼儿分成若干组，成纵队站立，每组一个羽毛球。每排排头手执羽毛球，起点至终点5米左右距离。游戏开始，排头幼儿把羽毛球掷向终点方向；同时，后面的幼儿跑向羽毛球的落地点，在原地继续向前掷，直至投过终点线；幼儿用同样的方法返回，第二名幼儿同排头幼儿的方法进行，幼儿只有投过起点线，下一名幼儿才能开始；在投掷时必须站于原地进行。如此反复，速度最快的组为胜。注意，教师应提醒投掷时必须采用肩上单手向前投掷的方法。

【活动建议】

（1）在游戏方法一中，雨伞也可换成箩筐或桶等。

（2）为了能让幼儿在投掷时使投掷物具有一定的高度，在设计游戏时，可采用拉线限高的方法，要求羽毛球必须超过拉起的横线高度。此方法也可用在分组对抗游戏中，但要注意横线高度的设计。

丢沙包（中班）

【活动目标】

（1）锻炼幼儿上肢力量和身体的灵活性。

（2）激发幼儿参加体育活动的热情和兴趣。

【活动准备】

沙包或者小纸团若干、气球若干。

【活动过程】

（1）准备活动。

热身操练习，播放音乐教师带领小朋友一起完成，点点头、甩甩胳膊、弯弯腰、抖抖腿，再跳一跳，重复2~3次。

（2）游戏过程。

教师：教师介绍游戏规则。教师在空地上绑一排气球，幼儿用沙包去砸气球。配班老师负责及时补充砸爆的气球。

幼儿：用手里的沙包站在一定距离外，先自主投掷沙包，看看谁丢得远。

教师：教师教授幼儿如何用手臂把沙包丢远，再引导幼儿模仿老师教授的动作进行练习。几组完成后，教师把幼儿带到气球附近，划定区域，让幼儿想办法丢沙包砸中气球。一组幼儿丢沙包；另一组幼儿在对面负责捡沙包。注意，也可分组进行，看哪个组的幼儿砸中的气球数量多。

（3）活动小结。

（4）放松整理。

【活动建议】

（1）根据不同年龄段幼儿进行投掷的远度和精准度的练习。

（2）可以将气球换成篓子，在墙面划定投掷区域等。

案例三

网兜兜（大班）

【活动目标】

结合器材进行两人及多人间的投掷游戏，提高幼儿控制器材的能力，激发他们的运动兴趣。

【活动准备】

海绵球若干、网兜若干、大呼啦圈若干。

【活动过程】

①第一步，两人一组面对面站立，间隔2米，每人手执一网兜。其中，一人手执海绵球向对面抛掷；另一人用网兜接住来球，再抛回对方，在成功的基础上不断增大抛掷距离。比一比哪组能在最远距离接住抛掷过来的球。

②第二步：组织方法同第一步游戏，一人手执海绵球，背对对方，将球向后抛掷，对方手执网兜接球，接住球后互换角色。

③第三步：三人一组，一人手执海绵球向上尽可能高地抛起，二人手执网兜去接来球，看谁接得住，接住者与抛球者互换角色。在此游戏的基础上，可适当增加接球者的人数。

④第四步：射门。把三个或更多的大呼啦圈挂起当作门。第一步练习：幼儿距离挂起的呼啦圈一定的距离，把海绵球放入网兜中，甩动网兜把球掷出，看谁能将球射入呼啦圈；第二步练习：球门线上站一名幼儿，守住球门，用手或用网兜挡住来球，从而增加幼儿与幼儿间的对抗可增强练习的趣味性。

在游戏中，如果分组进行游戏；保持相互间的距离，避免碰撞。

【活动建议】

（1）网兜抛掷游戏的设计以投准为主，也可掷远；同时，结合跑动进行设计。

（2）第四步中，如果分组对抗，可在一定距离的两边对应挂起相同的球门。分组对掷。

（3）网兜也可用小脸盆代替。此时，小脸盆里可以放更多的海绵球，有利于增强幼儿的投掷兴趣。

思考题

1. 练习投掷动作时要注意哪些基本要求？

2. 设计一个大班幼儿投掷动作练习的游戏活动，包括投掷的远度和准确度。活动情境、投掷道具自拟。

项目五　攀、钻、爬

学习目标

知识目标： 了解攀、钻、爬的基本知识；掌握攀、钻、爬的正确动作。

能力目标： 掌握学前儿童攀、钻、爬的动作要领及走的活动游戏，在实践中灵活组织各种攀、钻、爬动作的练习。

素质目标： 培养青年大学生良好的身体灵活性、协调性，不怕苦、不怕累的良好意志品质，以及精益求精的进取精神。

一、攀、钻、爬的基本知识

攀的动作能增强幼儿四肢肌肉力量的发展，特别是手的抓握力量，也能促进幼儿的平衡、灵敏及协调能力的发展，有利于帮助幼儿建立勇敢、不怕困难的心理素质。

钻的动作能增强幼儿腿部和腰背部的肌肉力量，发展幼儿身体的灵敏性、柔韧性及平衡能力等，可以促进幼儿空间感知力的发展。

爬的动作强调身体上下肢及躯干的协调配合，练习爬行可以促进幼儿身体全面发展，提升幼儿的动作的灵敏性和协调能力等。

二、攀、钻、爬的特点和基本要求

攀的动作主要包括了攀登和攀爬。攀登更强调下肢力量的运用，如攀登楼梯，上肢更多起辅助作用。攀爬则强调上、下肢的协同运动，如攀爬绳网。

钻的动作主要包括正面钻和侧面钻，钻对于幼儿的空间感知力有一定要求，正面钻练习多适用于小班幼儿，侧面钻练习多适用于中、大班幼儿。

爬的动作强调上肢与下肢之间各关节的相互协调配合。

三、指导幼儿攀、钻、爬的基本要点

（1）必须首先教会幼儿手握横木动作的正确姿势，这是保证攀登安全的基础。

（2）在幼儿攀登的过程中，成人既要注意保护幼儿，又要让幼儿懂得有秩序攀登，不互相推挤的重要性，并让幼儿学会躲避危险，提高幼儿自我保护的能力。

（3）不应当进行攀登比赛，以免幼儿因求胜心切而忽视活动的安全。

（4）当幼儿登上攀登设备以后，可以鼓励幼儿在保证安全的情况下，适当地观察一下周围和上下的空间环境，体验攀登过程的艰辛与乐趣。待幼儿从攀登设备上下来后，可以

鼓励他们进行相互交流，以丰富运动经验和情感体验，从而增强自信。

三、攀、钻、爬基本动作

（一）攀、钻、爬动作教学目标

（1）使幼儿掌握各种攀、钻、爬的正确动作，在此基础上不断增加各种动作的练习难度从而发展幼儿的灵敏性、灵活性、协调能力、柔韧性及身体各部位的力量。

（2）在各种游戏活动中，增强幼儿的团队协作能力。

（3）使幼儿学会几种攀、钻、爬的游戏，有独立游戏的能力。

（二）指导幼儿攀、钻、爬动作练习的基本要点

（1）钻、爬可以和跑跳相结合。钻、爬时，四肢和躯干肌肉的负荷较大，在教学活动时可与跑跳等活动结合起来，既可提高活动兴趣，又可调节运动负荷，还可避免身体局部疲劳和增加全身的运动负荷。

（2）注意安全。由于攀登有一定的危险性，教师在教学和组织活动时，一方面，注意安全保护和帮助；另一方面，要通过示范和语言提示等方法增强幼儿的信心和勇气。

（3）利用现有的地形、场地，多给孩子练习机会。

（4）如果老师不能做钻、爬示范，就要请能力强的幼儿做示范。

（三）攀、钻、爬动作中常见的错误动作

（1）上下肢不协调。

（2）爬行时只动脚，不动手。

（四）攀、钻、爬动作基本动作

1. 攀爬障碍物

【动作要领】以跳箱、椅子、轮胎等组合器材为障碍物进行练习，在攀爬障碍物时，一般采用双手抓握或按压器材等动作，即一只脚先蹬上一定的高度，然后手脚同时用力，攀上障碍物，如图2-30所示。（此方法强调幼儿上下肢协调能力及力量的发展。）

2. 攀登肋木架

该动作的内容包括同侧并步攀，左右交替攀。

【动作要领】一手握住高处肋木，一脚蹬上肋木；接着，另一手、脚超越前面的手脚向上攀爬，如此反复交替，如图2-31所示。（此方法强调幼儿上下肢协调能力及力量的发展。）

图2-30　攀爬障碍物

图2-31　攀登肋木架

3. 攀爬绳索

【建议】大班幼儿在攀爬绳索时，以斜坡度不小于45°，绳长3米左右为宜。

【动作要领】双手前后握住绳索，两脚前后蹬地，上身前屈，躯干与下肢成45°，手脚同时用力，交替向上。（此方法强调幼儿上下肢协调能力及量的发展。）

4. 正面钻

【动作要领】身体正面朝向障碍物，屈膝弯腰，一腿支撑，另一腿和头钻过障碍物，积极向前，使身体整体钻过。（此方法强调幼儿身体灵活性的发展。）

5. 侧面钻

【动作要领】身体侧向站于障碍前；前脚穿过障碍物，同时弯腰、低头、下蹲，使身体重心从一侧移向另一侧。躯干整体钻过障碍物后，收回后脚。（此方法强调幼儿身体灵活性的发展。）

6. 手膝着地爬

【动作要领】手、膝着地，左（右）手和右（左）及小腿协调配合用力向前爬行。头稍抬起，眼视前方，强调异侧手膝同步向前，如图2-32所示。（此方法强调幼儿上、下肢协调能力的发展。）

7. 肘膝着地爬

【动作要领】身体成跪姿，双臂屈肘，双肘着地，两前臂于头侧；爬行时，异侧肘膝同步向前移动，腰部随肘膝的移动进行左右摆动。如此反复，向前爬行，如图2-33所示。（此方法强调幼儿协调能力及腰侧力量的发展。）

图2-32　手膝着地爬

图2-33　肘膝着地爬

8. 手脚着地爬

【动作要领】双手、双脚着地，头抬起。一般采用异侧手脚同步向前移动，也可规定同手同脚同步向前移动来提高难度，如图2-34所示。（此方法强调幼儿协调性、灵活性的发展。）

9. 匍匐爬

【动作要领】身体正面匍匐于地面，双臂屈于胸前，前臂支撑起上体，抬头；爬行时，运用两前臂依次向前扒地，同时结合异侧膝及小腿的屈蹬向前爬行。行进过程中臀部不抬起。匍匐爬一般包括正向匍匐及侧向匍匐，以正向匍匐练习为主，如图2-35所示。（此方法强调幼儿上下肢协调能力，肩背及腰部力量的发展。）

图2-34　手脚着地爬

图2-35　匍匐爬

四、攀、钻、爬活动案例

案例一

有趣的梯子（中班、大班）

【活动目标】

（1）结合梯子，通过各种攀爬类的游戏来提高幼儿身体的协调能力。

（2）加强幼儿上下肢力量的发展。

【活动准备】

长梯两根、轮胎若干个、保护垫若干个。

【活动过程】

第一步：用2~3个轮胎间隔一定距离平均放置，上面平放长梯。幼儿在教师的带领下分成两组，依次在水平的竹梯上向前爬行。另外，也可把两根竹梯按一定的路线进行组合排放，如直线、折线、交叉等。

第二步：把3~4个轮胎上下叠起，分别把两根竹梯的一头架于轮胎上，另一头进行固定。接下来，幼儿在教师的带领下，在斜梯上由下至上，再由上至下爬行。

【活动建议】

由于场地器材限制，攀爬练习在幼儿教学活动中运用的次数较少，但攀爬性活动是不可缺少的，教师可结合椅子、梯子、绳索、垫子等进行活动设计，一定要注意活动安全。

案例二

钻山洞（小班、中班）

【活动目标】

各种集体钻的游戏可以提高幼儿身体的灵活性，培养幼儿的合作意识。

【活动准备】

空旷的场地。

【活动过程】

第一步：教师把幼儿分成人数相等的两组，成横队站立，前后排对齐，每组幼儿左右手牵手散开（前一排幼儿牵着的手始终不能断开）。游戏开始，后面一排的幼儿放下手臂，选择最近的路线，钻过前排幼儿手臂连接处的下方，完成后，快速在前面手牵手，恢复到开始的状态，此时，后面一排的幼儿按以上方法钻过。接下来，如此反复游戏。

第二步：钻山洞。教师把幼儿分成人数相等的两组，每组幼儿面向圈内手围成一圈，每两人间隔一臂距离，手臂水平抬起，形成一个山洞。（作为"山洞"的两人之间的手臂只能平举，不能过高或过低。）教师在每组中任选一名幼儿钻山洞。游戏开始后，听到教师口令后，两组被点名的幼儿同时快速跑出，按顺时针方向，依次逐个钻过每两个小朋友手臂形成的山洞，回到自己的位置上，并拍左侧幼儿的手，此幼儿按以上方法快速跑出并如此反复，直至每个幼儿都完成动作，游戏便宣告结束。

【活动建议】

若要增加难度，两名幼儿之间可以从手牵手变成相互搭肩。左右横队时，每名幼儿也可以分开两脚，使空间变小，提升钻的难度。

案例三

乌龟爬爬（中班、大班）

【活动目标】

跪膝爬的各种集体游戏可以提高幼儿身体的反应力、灵活性和身体协调能力。

【活动准备】

可供幼儿爬行的安全场地、呼啦圈一个。

【活动过程】

第一步：在教师的带领下，幼儿在场地里以跪膝爬的方式扮演"小乌龟"进行自由爬行，听到教师说"狼来了"时，"小乌龟"们快速把头、脚团缩起来，即从爬行姿势快速变成蹲（团身、低头、双手抱膝）的姿势。看看谁的反应快，游戏反复进行。

第二步：在一较大的方形场地内，幼儿扮演"乌龟"一直进行自由爬行，但不能爬出场地范围。教师任选出一名幼儿扮演大灰狼。游戏开始后，"大灰狼"手拿呼啦圈，以双脚跳的方式去套"小乌龟"。"小乌龟"可以采用蹲的姿势进行自我保护，避免被捉；如果没能自我保护，被套住，则要求"小乌龟"侧向滚动一圈，以示被捉，两名幼儿的角色互换，游戏继续。

【活动建议】

此游戏运动量较大，教师应注意控制时间。

思考题

1. 指导幼儿攀、钻、爬练习的基本要点有哪些？

2. 设计一个大班幼儿攀、钻、爬系列动作练习的游戏活动。活动情境、道具自拟。

模块三
平衡与协调

项目一　基本体操

📖 学习目标

知识目标： 了解体操的定义，基本体操的作用、分类。

能力目标： 掌握基本体操队列口令、动作技巧、帮扶措施及学前儿童基本体操教学与设计。

素质目标： 培养青年大学生吃苦耐劳、团队合作等良好意志品质和精益求精的进取精神。

一、体操概述

（一）体操的起源与发展

在远古时期，人们为了生存，必须与自然做艰巨的斗争，在打猎、捕鱼、采集野果等劳动中，逐渐提高了攀登、爬越、跳跃、走、跑等生活技能，这些可以看作古代体操的萌芽。我国古代体操总体可以归纳为两大类：第一类，强筋骨、防疾病的医疗体操。我国古代有类似体操的"养生""导引""乐舞"和"百戏"等健身活动，体现了古代体操浓郁的文化性和养生健体的特色。第二类，反映在古代歌舞、戏剧、杂技和流传于民间的技巧运

动。例如，在出土的西汉乐舞杂技陶俑中，有手倒立、后手翻、桥和空翻等动作。

18—19世纪，德国、瑞典、丹麦等欧洲国家相继出现了体操学校。18世纪中叶，德国学者研究了希腊体操后，认为器械练习是发展力量、增强意志品质最好的办法。在德国体操之祖古兹穆莎的倡导下，开始了体操运动，建立了古氏体操体系，开创了体操运动的分类学，使体操项目趋于明朗化。19世纪初，有"体操之父"称号的德国的杨氏创建了以器械练习和军事游戏为基础的民族体操体系。瑞典的林氏、丹麦体操家奇蒂哥尔和德国的施皮斯等也创立了各自的体操体系，而各种体操器械也随之产生。在体操运动发展到现代奥林匹克时期，展示出现了现代体操的雏形，如1896年的首届奥运会上就设有男子体操比赛。1903年，第一届世界体操锦标赛在比利时举行，参加的国家只有4个（比利时、法国、卢森堡和荷兰）。另外，还有一些非正式的比赛，如爬绳和类似于艺术体操的棒操，如1949年正式出版了第一部国际体操比赛的评分规则。随着竞赛规则的不断完善和发展，体操开始向更难、更美、更新的方向发展。

（二）体操的概念

近现代体操的概念：通过徒手、持轻器械或在器械上，完成不同类型与难度的单个动作、组合动作或成套动作，充分挖掘人的潜能，表现人的控制能力，并具有一定艺术要求的体育项目。第一，竞技层面上的体操，即竞技体操；第二，基础层面上的体操指队列队形、徒手体操、轻器械体操、利用器械的体操及被简化了的竞技体操内容；第三，拓展层面上的体操，即类别体操，包括体操、艺术体操、健美操、蹦床及体育舞蹈等运动项目。

二、体操的分类

体操运动可分为三大类：竞技体操、艺术体操、基本体操。

（1）竞技体操起源于18世纪的欧洲。1952年，赫尔辛基奥运会把体操列为正式比赛项目。1932年，在洛杉矶第10届奥运会上，增设了自由体操。直至1840年，竞技体操才传入中国，1936年第11届柏林奥运会，增加了女子体操比赛项目。

（2）艺术体操起源于19世纪末20世纪初的欧洲，并于20世纪50年代经苏联传入中国。有团体赛、个人全能赛和个人单项赛等多样形式。一般在音乐伴奏下进行，富有艺术性，由舞蹈、跳跃、平衡、波浪形动作及部分技巧运动动作组成。

（3）基本体操以健身、医疗和提高身体素质为主要目的的身体操练。包括队列队形练习、徒手体操、轻器械体操和器械体操的基本练习，分为单人、双人、集体三个项目类型。

三、体操运动的作用

（1）强身健体。体操运动是一种有氧运动，通过规范的活动来达到健身的目的，很多动作都集合了人们的智慧结晶，老少皆宜，只要坚持做标准的体操运动，就能达到强身健体的目的。

（2）增强免疫力。经常做体操运动，能够促进血液循环提高心肺功能。也有助于排出身体中的杂质，让肌肉得到更好的舒展，还能缓解疲劳，释放压力，提升工作效率。

（3）塑造体型。体操运动注重姿势的准确，不需要用太大的力气，却能纠正一些不良习惯。青少年经常做体操运动，也能促进骨骼生长，让个子长得更高。与此同时，体操运动还能规范其性格，太过活泼的懂得收敛，太过内向的，也能渐渐开朗起来。

四、幼儿基本体操

幼儿体操是一项遵从儿童身体发展规律，促进儿童身体锻炼与改善儿童身体形态的活动。幼儿体操教学内容中的每一个练习动作设计均符合其年龄阶段的动作发展的规律及特征。教学内容的选择根据现有文献资料以及实践经历总结筛选，设计出合理的教学方案。

幼儿体操是一个可以循序渐进养成儿童良好运动习惯的过程。

幼儿体操动作练习对儿童发展速度素质、协调素质、平衡能力均有显著效果。在3~4岁时期，幼儿体操的练习可以促进其各项基本运动能力的发展尤其是协调能力的发展。在4~5岁是幼儿动作发展学习的黄金期，也是提升基本运动能力的黄金期。此年龄阶段幼儿进行幼儿体操练习可以使其各个方面身体素质得到均衡发展，养成良好的运动习惯。5~6岁幼儿进行幼儿体操练习可以发展其速度素质、协调素质、平衡能力。

五、体操基本动作

（一）队列与口令

队列是在一定队形下的协调而统一的行动。队形是为协同动作而采取的队伍排列形式。前者以人民解放军的"队列条令"为基础，并结合体育课的需要适当加以补充；后者是对体育课上经常采用的队列形式及其变化的归纳。两者往往是不可分割的。队列要在一定的队形下进行，而队形又必须以队列为基础，这样才能达到整齐一致。

1.队列队形练习的作用

（1）严密课的组织，以利于完成课的任务。

（2）端正身体姿势，振奋精神，养成良好的训练作风。

（3）加强组织性、纪律性和整体观念。

（4）活跃课堂气氛，调动学生学习的积极性。

2.队列队形练习的基本术语

（1）列：学生左右并列站成一排叫列。

（2）路：学生前后重叠站成一行叫路。

（3）横队：由"列"组成的队形叫横队。

（4）纵队：由"路"组成的队形叫纵队。

（5）翼：队形的两端叫翼。左端为左翼，右端为翼。

（6）队列练习：学生按照一定的队形，做协同一致的动作。

（7）队形练习：在队列练习的基础上做各种队形和图形的变化。

（8）排头：位于横队右翼第一名或纵队之首的学员。

（9）排尾：位于横队左翼第一名或纵队最后的学员。

（10）基准学生：站在排头或教师指定的学生，作为看齐或行动的目标叫基准学生。

（11）间隔：相邻者左右之间的间隙叫间隔。两个人之间的间隔一般为一拳（10厘米）；成队之间的间隔，一般为两步。

（12）距离：相邻者前后之间的间隙叫距离。两个人之间的距离一般为一臂（75厘米）；成队之间的距离，一般为两步。

（13）步幅：一步的长度（前后脚脚跟之间的距离）。

（14）步速：一分钟走的步数。

3. 口令概述

口令：指挥动作时，指挥员下达的口头命令叫口令。

包括指示词、预令和动令三部分。只是有的动作只有预令和令，如"向右——转"；有的动作只有动令而无预令，如"立正"，有的动作三部分都有，如"面向单杠（指示词），向左向右（预令）——转（动令）"。

1）口令的种类

（1）短促口令：只有动令，发音短促有力，不论几个字，中间不拖音、不停顿，通常按音节（字数）平均分配时间。有时最后一字稍长，如"立正""稍息""报数"等。

（2）断续口令:预令和动令之间有停顿，如"成体操队形，散开""第2名，出列""各排，报数"等。

（3）连续口令:预令的拖音与动令相连。预令拖音稍长，动令短促有力，如"向后——转""齐步——走"。有时预令与动令之间有微歇，如"立——定"等。

（4）复合口令：兼有断续和连续口令的特点，如"以××同学为准，向中看——齐""右后转弯，齐步——走"等。

2）下达口令的基本要领

（1）发音部位要正确：用胸音和腹音，短促口令，如立正、稍息。

（2）掌握好音节：要有明显的节奏，如"向右看——齐""向前——看"。

（3）注意音色、音量不要平均分配：一般起音要有低向高拔高，如"向左看——齐"。

（4）突出主音：把重点的字要加大音量，如"向右——转""向前几步——走"。

3）口令指挥位置

口令指挥位置应当便于指挥和通视全体。（▽：教师，●：学生）

（1）停止间（图3-1）。

教师位于队伍中间，与队伍成等腰三角形。

（2）行进间（图3-2和图3-3）。

横队时，教师在正前方。

纵队时，教师在左侧中间偏前的位置。

图3-1　停止间　　　　　图3-2　行进间1　　　　　图3-3　行进间2

4.队列练习内容

1）原地队列动作

（1）立正口令："立正"。

立正时，两脚跟靠拢并齐，两脚尖向外分开约60°；两腿挺直；小腹微收，自然挺胸；上体正直，微向前倾；两肩要平，微向后张；两臂自然下垂，手指并拢自然微屈，拇指尖贴于食指的第二节，中指贴于裤缝；头要正，颈要直，口要闭，下颌微收，两眼向前平视，如图3-4所示。

图3-4　立正

（2）稍息口令："稍息"。

稍息时，左脚顺脚尖方向伸出约全脚的三分之一，两腿自然伸直，上体保持立正姿势，身体重心大部分落于右脚，如图3-5所示。

图 3-5　稍息

（3）看齐、报数。

①看齐、向右（左）看齐。

要领：基准学生不动，其他学生向右（左）转头，眼睛看右（左）邻人的腮部，前四名能通视基准学生，自第五名起，以能通视到本人以右（左）第三名学生为度。后列学生先向前对正，后看齐，如图 3-6 所示。

图 3-6　看齐、报数

②向中看齐。

口令："以×××为基准，向中看——齐"。

当指挥员指定"以×××为基准"时，基准学生左手握拳高举，听到"向中看——齐"的动令后，将手放下，其他学生按照向右（左）看齐的要领实施。

③向前看齐。

口令："向前看——齐"。

要领：排头学生不动，其他学生向前对准，第三名以后的学生，以看不见自己前面第二名学生头的后部为度。

④向前看。

口令："向前——看"。

要领：学生在向右（左、中、前）看齐后，教师发出口令听到动令后，迅速将头转正，恢复立正姿势。

⑤报数。

口令："报数"。

要领：横队从右至左（纵队由前向后）依次以短促洪亮的声音向左转头报数，最后一名不转头。

（4）集合、解散。

①集合。

a. 横队集合。

口令："成×列横队——集合"。

要领：口令下达后，基准学生（一般为最高的学生）迅速到指挥者左前方适当位置成立正，其余学生按（高矮）顺序依次向左排列，自行看齐。

b. 纵队集合。

口令："成×路纵队——集合"。

要领：基准学生迅速跑到指挥着前方适当位置站好，其余学生（高 矮）依次向后排列，自行对直。或按横队集合向右转即可。

c. 解散。

口令："解散"。

要领：听到口令后，学生迅速离开原位置（稍息时，先立正，然后迅速离开原位置）。

（5）原地队列变换。

①一列横队变两列横队（图3-7）。

口令："一至二报数""成两列横队——走"。

要领：听到"一至二报数"口令后，学生由排头至排尾进行一至二报数；听到"成两列横队走"口令后，双数学生右脚向右后方退一步，左脚向右脚靠拢站，在单数学生的后面，自行对齐，看齐。

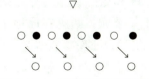

图3-7　一列横队变两列横队

②两列横队变一列横队。

口令："成一列横队——走"。

要领：先取好一臂间隔，听到口令后，双数（第二列）学生左脚向左前方跨一步，右脚向左脚靠拢，站在单数同学的左侧，自行看齐。

③一路纵队变两路纵队（图3-8）。

口令："成两路纵队——走"。

要领：先一、二报数，听到口令，双数学生右脚向右前方跨一步，左脚靠拢右脚，并自行对正。

④两路纵队变一路纵队（图3-9）。

口令："成一路纵队——走"。

要领：先取一臂距离，听到口令后，右路学生左脚向左后方退一步，右脚靠拢左脚，站于左路学生之后，对正。

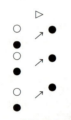

图3-8　一路纵队变两路纵队

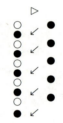

图3-9　两路纵队变一路纵队

可根据不同报数方法进行不同队列的变化。

（6）停止间（原地）转法。

①向右（左）转。

口令："向右（左）——转"。

要领：以右（左）脚跟为轴，右（左）脚跟和左（右）脚前脚掌同时用力，使身体和脚一起向右（左）转90°，重心在右（左）脚上，左（右）脚迅速靠拢右（左）脚，成立正姿势。转动和靠脚时，两腿挺直，上体保持立正姿势。

②向后转。

口令："向后——转"。

要领：按向右转的要领向后转180°。

（7）行进间队列动作。

①踏步（图3-10）。

口令："踏步（原地踏步）——走""立定"。

要领：两脚在原地上下起落（抬起时，脚尖自然下垂，离地面约15厘米，落下时，前脚掌着地），上体保持正直，两臂按齐步摆臂的动作要领摆动。立定时，左脚再踏一步，右脚靠拢左脚，原地成立正姿势。

图 3-10　踏步

②齐步走（图 3-11）。

口令："齐步——走""立定"。

要领：左脚向正前方迈出约 75 厘米着地，体重前移；上体正直，微向前倾；手指轻轻握拢，大拇指贴于食指第二节；两臂自然摆动，向前摆臂时，小臂自然向里合，手心向内稍向下，拇指根部对正衣扣线，并与第五衣扣同高，离身体约 25 厘米。立定时，左脚向前大半步，右脚靠拢左脚，成立正姿势。

图 3-11　齐步走

③跑步（图 3-12）。

口令："跑步——走""立定"。

要领：听到预令后，两手迅速握拳提到腰际，拳心向内，肘部稍向里合。听到动令后，上体微向前倾，两腿微屈；同时，左脚利用右脚掌的弹力跃出约 80 厘米，前脚掌先着地，重心前移；两臂自然摆动，向前摆时不露肘，小臂略平，稍向里合，两拳不得超过衣扣线；向后摆时不露手。立定时，继续跑两步，然后左脚向前大半步（不摆臂），右脚靠拢左脚，同时，将手放下，成立正姿势。

图 3-12　跑步

④齐步走变跑步走与跑步走变齐步走

口令："跑步——走""齐步——走"。

要领：口令均下到右脚，步法变换均从左脚开始，"齐步换跑步"，听到预令（跑步），双手握拳并迅速提于腰际，腿部按齐步的动作要领行进，听到动令（走），（预令和动令之间隔一步）从左脚换跑步行进；"跑步换齐步"，听到齐步走的口令（口令均下到右脚，动令和预令之间隔两步）后继续跑两步，从左脚开始换齐步行进。

⑤方向变换。

a.纵队变换方向：左（右）转弯。

口令：原地开始："左（右）转弯，齐步——走"。

行进间开始："左（右）转弯——走"。

要领：原地开始时，基准学生向左（右）转后，按齐步走的动作要领照直前进。其他学生依次进到基准学生转弯处转向新方向前进。行进间，基准学生用小步边行进，边向左（右）转 90° 后，照直前进；其他学生依次进到基准学生转弯处，转向新方向前进。

b.横队和数列纵队变换方向：左（右）转弯。

口令：原地开始："左（右）转弯，齐步——走"。

行进间开始："左（右）转弯——走"。

要领：轴翼踏步，并逐渐向左（右）旋，与相邻学生动作协调，外翼第一个学生以大步行进，注意掌握方向，不要向轴翼挤靠；其他学生用眼睛的余光向外翼取齐，越接近轴翼者。其步幅越小，并保持规定的间隔，不要向左右挤靠。保持排面整齐，转到90°踏步，取齐，听口令前进或停止。

2）行进间三转

（1）行进间向右转走。

口令：预令从右脚开始——动令落在右脚上。

动作要领：左脚向前半步，脚尖稍向右，身体向右转90°的同时出右脚，向新方向行进。

（2）行进间向左转走。

口令：预令从左脚开始——动令落在左脚上。

动作要领：右脚向前半步，脚尖稍向左，身体向左转90°的同时出左脚，向新方向行进。

（3）行进间向后转走。

口令：预令从右脚开始——动令落在右脚上。

动作要领：左脚向前迈出半步，脚尖稍向右，以前脚掌为轴，从右向后转180°，出左脚，向新方向行进。转时两臂自然摆动，不得外张。

（二）垫上运动

垫上运动是体操中的一类。指在缓冲较大的软垫上进行的主要为翻滚、翻腾类的运动，如前滚翻、后滚翻、倒立、肩肘倒立、头手倒立、侧手翻等，如图3-13~图3-18所示。

1.前滚翻

在翻滚时，人的重心前移，两腿蹬直离地；同时，屈膝、低头、含胸、提臀，以头的后部在两手支点前着垫，依次经颈、背、腰、臀向前滚动。当滚至背部着垫时迅速收腹屈膝，人上体紧跟大腿团身抱膝成蹲立。可将助跳板放在下面或将垫子铺在斜度为10°~15°的坡地上，由高处向低处滚翻。

图3-13　前滚翻

扩展资料

（1）前滚翻是体操运动的基础动作之一，熟悉地掌握前滚翻的动作后，再学习团身前滚翻。掌握团身前滚翻后，再要求两腿蹬直团身前滚，可持球做前滚翻，或前滚翻蹲立后接迎面抛来的球等，以提高学习兴趣及动作速度。

（2）注意事项：学习前滚翻时，要注意眼前有无障碍物，以及硬的东西，练习时最好选择草地。

（3）前滚翻动作就要是身体向前翻的时候，要快、稳，注意头的角度，两手向前稍弯，翻的时候低头看腿。

2. 后滚翻

由蹲撑开始，双臂推撑要均匀用力，身体后倒，臀部，背部，颈部，头，依次着地，滚动要圆滑。当双脚着地瞬间，迅速抬头，双手支撑推地，上体抬起成蹲撑。

图 3-14　后滚翻

3. 手倒立

直立，两臂前上举，接着上体前屈，两手向前撑地（同肩宽），稍含胸，一脚蹬地，另一条腿后摆。当摆动腿摆至垂直上方时，蹬地腿向摆动腿并拢，顶肩立腰，脚尖向上顶，双手撑地，保持头部和背部与地面平行。

图 3-15　手倒立

扩展资料

倒立基础练习

（1）找一墙壁倒立后身体胸部面对墙壁一直往后推到墙壁贴紧墙壁呈一条直线；请勿倒立后背对墙壁会导致身体体线非呈一条直线垂直状态；良好的倒立姿势：手、头、肩、胸、腹、脚尖必须呈一条直线状态。

（2）找一单杠双手紧握单杠后身体呈一直线状态双腿夹紧臀部紧缩体会身体呈一直线的感觉。

（3）先练习头手倒立（也就是三点倒立）对于初学倒立者有很大的帮助，即此动作可帮助初学倒立者在快速体会倒立后感觉的同时也掌握倒立技巧。

4. 肩肘倒立

由直角坐开始，向后倒肩、举腿、翻臀，当向后滚动至小腿超过头部时，向上伸腿、展髋、挺直身体；同时，两手撑腰后侧，夹肘，成肘、颈、肩支撑的倒立姿势。

图 3-16　肩肘倒立

5. 头手倒立

头手撑垫成正三角形，两肘内夹。当腿摆至倒立部位时，蹬地腿应主动与摆动腿并拢。身体重心始终保持在支点的垂直范围内。

图 3-17　头手倒立

扩展资料

身体在未呈现倒立姿势，这时身体重心是在臀部，在倒立时重心则是在胸部，练习倒立时双肩必须出力，双手臂无论是大小手臂都必须呈现笔直，不能有屈臂现象以及肩部突出以及腰末突出等现象。身体必须呈一条直线以及倒立后90°，不得偏移此角度。双手掌压撑在地面后双手长与双肩出力的力量点必须平均不能出现斜肩和一肩过度出力或者一肩出力较弱现象。

6. 侧手翻

动作要领：（以向左侧手翻为例）两臂侧平举，上体稍向右倾，左腿侧举，随即向左倒体。左脚落地屈膝、蹬地，右腿向侧上摆；同时，左脚蹬地，接着左、右手依次在左前方撑地，经分腿倒立过程，两手顺势依次推离垫子，两脚依次着地（着地点尽可能成一条直线）成开立，并腿直立。

图 3-18 侧手翻

扩展资料

注意事项：体操中的侧手翻，翻的距离非常宽，而武术侧手翻则很短且非常快。在地板上划一条直线。只使双手和双脚落在直线上。起势位置到第一只手落地位置间的距离是身体加手臂的总长度。

在一个狭窄的走廊里做侧手翻而两腿不能碰墙。在整个动作过程中要保证双臂和双腿完全伸直。落地时两腿分开也是可以的。（呈跨跃势）双臂向两侧水平伸开。脚一定要伸直。

侧手翻教学对场地、器材设备的要求不高，既可以在垫子上练习，也可在草地、沙地及松软的土地上练习。教师在教学过程中应注意如何针对侧手翻动作的重点（身体侧倒，两手依次推地；同时，两腿依次充分蹬摆）和难点（经倒立部位时顶肩、紧腰、展髋）采用适当的辅助练习和方法，尽快让学生掌握动作要领是关键。

（三）蹦床运动

蹦床是一项运动员利用蹦床的反弹在空中表现杂技技巧的竞技运动，属于体操运动的一种，有"空中芭蕾"之称。

近代蹦床起源于法国，后来蹦床逐渐普及，不久后便流行于美国。1947 年，得克萨斯州举行了第一届全国蹦床表演赛，一年后蹦床成为正式的比赛项目。1964 年，国际蹦床联合会在瑞士成立，同年举办了首届世界蹦床锦标赛。2000 年，蹦床被悉尼奥运会列为比赛项目。

蹦床运动的最高组织机构是国际体操联合会。该组织机构于 1881 年成立，总部设在瑞士，主要活动包括组织每四年一届的奥运会体操赛和世界杯体操赛，每两年一届的世界体操锦标赛。

1. 蹦床运动对学前儿童身体的益处

（1）蹦床运动能够锻炼学前儿童的四肢，促进骨骼发育，增强学前儿童的体能力与训练力。

（2）蹦床运动可以训练学前儿童的协调能力、平衡能力，增强学前儿童身体各器官系统的功能，加强孩子的身体灵活性。

（3）蹦床运动能够减压，放松心情，来来回回，跑跑跳跳，既运动又减压，还纾解了心情。

（4）蹦床运动是一项很好的有氧运动，能够锻炼儿童的身体，促进血液循环，强身健体，预防疾病。

2. 学前儿童蹦床运动教学注意事项

（1）学前儿童学蹦床运动的时候，前期都会有紧张或是害怕等心理。要引导锻炼由其放松的心态进入游乐运动环境。

（2）可以给学前儿童设置一个参照物，让其跳跃时可以击打目标物；也可放置网篮，投球入内，锻炼手眼协调能力以及身体平衡性训练。

（3）让学前儿童在蹦床上进行自由的跳跃，由指导者进行专业性训练，正确姿势进行蹦床的跳动。

（4）两名儿童可面对面，手拉手一起跳跃，训练多方协调能力。儿童玩蹦床运动一定要注意的是重心重力以及身体防止受伤。

3. 蹦床运动教学动作的教法及动作详解

1）蹦床教学的基础跳动作详解

（1）基础跳是任何动作沉网时的基础姿态，对于刚接触蹦床的人来说是必须学习和掌握的一个动作。

（2）当跳到最高点向下沉网的时间，双脚分开略宽于肩的距离，身体始终保持直立状态，眼睛看向前下方膝盖微曲向下沉网。

（3）沉网至最低点向上跳跃的时间点，膝盖瞬间伸直核心发力，双脚快速并拢，手臂随着起网点向上摆动，带动身体向上跳跃。

（4）正确的蹦跳姿势有利于蹦床动作的学习，也可以锻炼自身的平衡控制能力。

（5）在蹦跳的过程中避免前后脚或双脚分开过大，起跳时双脚并拢保持身体直立可以很好地控制身体平衡，双脚分开过大或身体前后倾斜会导致落网时失去平衡，并给脚腕过多的压力。

2）蹦床教学动作叉腰跳动作详解

（1）叉腰跳可以更好地锻炼身体的核心控制和平衡能力，只有在掌握了平衡的情况下才可以去增加蹦跳高度。

（2）叉腰跳也是基础跳的进阶动作，区别在于手臂的位置需要固定在身体的两侧不能离开，肘关节锁定，不要前后晃动，当你的手臂被固定的情况下，身体就会调动更多的核心力来控制你的平衡。

（3）一次有效的叉腰跳练习需要控制每一次的落网点都能在蹦床的正中心，刚开始练习时一定会出平衡失控或位移过大的情况，这时需要把高度降到合适可控范围内。

（4）经过一定次数的有效练习后，练习者会发现自己的平衡控制和蹦跳高度会有一个很明显的提升。

六、基本操类

（一）徒手操

1.徒手操概述

徒手操指手中不拿器械所做体操的总称，是通过身体各部位的动作、姿势、方向、路线节奏及频率协同进行的各种动作，如举、振、屈、伸等。它不受场地限制，内容丰富多样、动作简单易行。练习徒手操对促进儿童身体的健康发育、培养儿童正确的身体姿态、动作节奏感、集团意识等具有重要影响。

2.徒手操的分类与基本动作

1）徒手操的分类

徒手操按动作特点可分为一般性徒手操、拍响操、徒手模仿操、律动操、武术操、游戏操、韵律操、卡通操等；按照运动部位可分为头颈动作、上肢动作、下肢动作、四肢运动、躯干动作、全身动作、跳跃动作等；按练习形式来分可分为单人操、双人操、集体体操等。

2）徒手操的基本动作（表3-1）

表3-1　徒手操的基本动作

运动部位	基本术语	活动部位及动作的形式与方向
头部运动	屈	头部前屈（低头）、后屈（抬头）、侧屈（左、右屈）
	转	向左、右转头
	绕环	向左、右绕环
上肢运动	臂的举、摆、屈、伸	臂前举、摆、振、屈伸。臂后举、摆、振（结合其他动作）、屈伸。臂上举、摆、振、屈伸。臂侧举、摆、振（结合其他动作）、屈伸。臂斜上举、摆、振、屈伸。两臂同侧举、摆、振等
	臂绕环	向前绕环、向后绕环、向内绕环、向外绕环、同侧绕环、"8"字绕环、前臂绕环、小绕环、轮流绕环等
	臂侧开	前举侧开扩胸、前平举侧开扩胸、前举交叉侧开扩胸等
下肢运动	腿的举、摆	腿前举、摆动，腿后举、摆动，腿向异侧举、摆动，屈膝举、摆，踢腿（高摆腿）
	腿屈伸	起踵、半蹲起立、深蹲起立、单腿蹲起、前压腿、后压腿、侧压腿、半劈腿、劈腿（高摆腿）
	腿移动	前点地、后点地、侧点地、前后开立、左右开立、前弓步、侧弓步、后弓步、斜弓步
跳跃运动	单脚跳	交换跳、点地跳、转身跳、移动跳、踢腿跳
	双脚跳	前后开合跳、左右开合跳、前后交换跳、左右交叉跳、转身跳、移动跳、向上跳、蹲跳

续表

运动部位	基本术语	活动部位及动作的形式与方向
躯干运动	上体屈伸	体前屈、体后屈、上体左侧屈、俯卧体前屈等
	体转	身体向左转、向右转
	体绕环	上体向左绕环、向右绕环
	体倾倒	身体向前倒、向后倒、向侧倒；俯撑、仰撑、侧撑；直角坐平衡、俯平衡（燕式平衡）、侧平衡等
组合与变化	身体各部位动作	身体各部位动作的结合；各类动作的结合；不同方向的结合；动作的节拍、速度、次数、开始姿势的变化，以及人数、队形的变化等

3. 学前儿童徒手操教学建议

（1）做好活动前的准备工作。教师要向幼儿说明徒手操练习对人体健康的良好效果，引导幼儿正确认识徒手操，加强对幼儿的美育教育。

（2）合理组织徒手操教学与练习。要求根据活动目的、年龄特点、天气情况等进行组织。一般在幼儿徒手操教学过程中应注意以下细节。

①便于幼儿看清教师的示范。

②幼儿站位合理，左右间隔距离不会相互干扰；教师的站位能清楚看清所有学生的情况。

③幼儿应该背对阳光和风向。

④正确运用口令。要求教师的口令必须清脆、洪亮、清楚，并且能根据动作的力度、速度体现出动作的节奏与力量等。条件允许的情况下可以让幼儿在音乐伴奏下完成动作，教师的口令作为辅助教学。

⑤丰富体操活动的内容。体操内容一般是幼儿基本学会和掌握的内容，一般一学期更换一到两次。做操时，教师应注意幼儿动作姿势正确、到位（教师可领做，并做镜面示范）。

⑥根据季节和气候的变化灵活调节做操的时间和内容。

⑦做好个别指导和教育。

（二）轻器械操

1. 轻器械操概述

轻器械体操和徒手体操一样，都是基本体操项目。对学前儿童身体健康发育具有很好的促进作用，而且简单易学，都是靠四肢、躯干和头部互相配合，向各个方向做屈伸、摆振、旋转等动作，使身体得到一定锻炼。它既有身体各部位的运动，又有变化器械方向位置的动作，还可以利用各种轻器械的不同特点来练习，如棍棒操，充分利用棍棒的自身特点练习幼儿的握棍、滑棍、举棍、转棍、绕棍等动作，内容丰富、形式多样，具有独特性、趣味性。同时，还要加上伴奏音乐的配选和动作编排的变化等，这样可以大幅提高幼

儿锻炼的兴趣、充分调动幼儿的积极主动性，起到更好的锻炼效果。

2. 学前儿童轻器械操教学建议

对学前儿童进行轻器械操的教学，应充分注意各种器械的练习特点及锻炼效果，要有计划、有选择地进行教学与练习指导。同时，根据儿童的年龄特点来进行施教。幼儿园小班儿童因年龄较小，主要以徒手模仿操为主。中班儿童可增加拍手操、哑铃操等，动作难度有所提高。大班儿童的教学内容较为丰富些，动作难度及运动负荷也应相应增加。教学过程中应注意以下几个问题。

（1）在轻器械体操的教学中，要注意动作的部位、路线和幅度，逐渐要求部位准、路线对、有一定的幅度。培养幼儿身体的正确姿势应贯彻始终，并逐步要求有节奏、有表情。在幼儿做操的过程中，教师还应该培养和发展他们的观察力、体位感、幅度感、节奏感以及时空观念（对上下、前后、左右和斜、直、弯等方位与部位的感觉）等。

（2）教师示范动作要优美、节奏正确，富有表情，口令和呼吸数要清晰而有感情。组织幼儿做示范，事先一定要给予认真的培养和指导。

（3）儿歌和乐曲是幼儿持轻器械体操教材内容的组成部分。教师进行儿歌创编时，除应遵循儿歌创编一般原则外，还要注意做操时儿歌的特点，要使儿歌内容与动作统一，句数与节拍数一样。选编乐曲时也应活泼轻快、节奏鲜明。模仿操的配乐应能表现出所模仿事物的特征。

（4）轻器械体操要定期进行更换，以激发幼儿做操的兴趣，提高他们做操的能力，促进体能的发展。对做操质量的要求要根据学前儿童做操能力，由粗到细，逐步完善，不能急于求成。

七、学前儿童早操教学设计

学前儿童早操是幼儿园在早晨开展的，以基本体操为主要内容的一种体育组织形式，也是幼儿一日活动的重要环节，是在音乐、儿歌或者节奏的伴奏下，有组织地在晨间进行成套的身体动作练习，是一种全身性的系统身体锻炼活动，也是学前体育活动的主要内容和组织形式。它对于锻炼学前儿童身体、提升学前儿童体质、促进学前儿童身心和谐发展有着独特的作用。

（一）学前儿童早操活动的结构

学前儿童的早操活动包括热身运动、队列练习、操节运动、体能运动和放松运动等内容。

1. 热身运动

热身运动是早操的起始环节，目的在于组织和集中学前儿童的注意力，让他们尽快进入自己扮演的角色，诱发学前儿童身体各器官组织的机能由较安静状态进入活动工作状态，为做操和其他身体锻炼活动的开展做好准备，达到热身的目的。学前儿童在音乐伴奏下，做一些走、跑和变速跑等基本动作练习。

2. 队列练习

队列练习是热身运动的延续，通过队列变换，提高学前儿童在团体中认识自身与团体的关系，发展他们理解指令的能力，形成良好的秩序感。队列练习要根据各年龄班学前儿童动作发展的不同选择合适的变换形式，如小班的练习主要是简单地一个跟着一个走；中班可以进行简单的队形变换，如从纵队变为走圆圈等；大班则可以练习分队、原地向左右转等。

3. 操节运动

操节运动是整套操的核心部分，能达成学前儿童身体机能唤醒的目的，逐步实现运动能力与体能的不断提高。操节运动一般包括上肢运动、下蹲运动、体侧运动、体转运动、腹背运动、跳跃运动等。动作从上肢到下肢、再到全身的，从运动量小的动作过渡到运动量大的动作，从幅度小的动作过渡到幅度大的动作等。

4. 体能运动

体能运动是操节运动的补充，存在目的是让学前儿童在音乐伴奏下，利用身体或器材练习走、跑、平衡、跳和钻等动作，发展学前儿童基本动作的协调性、平衡性和运动能力，达到一定的运动量，提高学前儿童的体能。由于学前儿童对游戏的兴趣远远超过其他活动，利用游戏活动有利于激发他们对早操活动的兴趣，提高他们参与活动的积极性，增强早操的锻炼价值。因此，早操中的体能运动一般都采用密度大、时间短、器械少、动作简单、角色少、运动量大、趣味性强的体育游戏。

5. 放松运动

放松运动是早操的结束部分，让学前儿童逐渐从运动状态调整到平静状态。放松运动一般是做一些轻快的律动、简单的伸展动作，让学前儿童在愉快轻松的气氛中逐渐放松，使身体机能由兴奋状态逐步转入安静状态。

（二）早操编排原则

1. 明确编排目标

早操的编排要与体育课和体育游戏或学前儿童体能训练有机结合，以达成早操作为学前儿童体能训练的基本手段之一，共同为学前儿童体能发展的教学目的服务。

2. 适宜的运动量

一般而言，学前儿童早操的强度以儿童平均心率 140 次 / 分为正常；在早操运动最高时，可达到心率 150~170 次 / 分；放松阶段为 100~120 次 / 分；在早操结束 5 分钟后再测幼儿心率，幼儿心率应为 80~90 次 / 分，在 5 分钟恢复后，要求幼儿心率达到正常状态，运动密度通常在 80% 以上。

3. 早操不能舞蹈化

早操是以增进学前儿童体能和运动能力以及发展学前儿童动作协调性的目的，故学前儿童早操需要达成一定的运动量，无论是模仿动作或扩展动作，均应该有一定适宜的运动强度。

4. 操节安排要合理

一般早操由 6~10 个运动小节组成，小班通常为 6 个运动小节，中班为 6~8 个运动小节，大班为 8~10 个运动小节；在节奏节拍上，小班使用二八拍；中、大班使用四八拍为宜。

5. 音乐选择合适

根据学前儿童心理特点，在早操中应选择活泼的、明快的音乐较为宜。

6. 器材选用

在器材操中，应尽量做到一物多用，废物利用，充分表现出"低结构""科学化""动态性"和"层次性"的特点；同时，还要确保器材运用中的安全性。

八、基本体操活动案例

 **案例一**

学做解放军（小班）

【活动目标】

（1）教幼儿学习听口令做动作，进行初步的队列队形练习。

（2）在活动中培养幼儿动作的灵敏性和协调性。培养幼儿热爱解放军的情感。

【活动过程】

一、开始部分

组织幼儿开一列火车，让幼儿跟着老师的口令或节奏一个跟着一个走成纵队。把幼儿带到活动的场地，在分成若干个小组，让幼儿分别站在自己的小圆点。

二、基本部分

1. 学习听口令：立正，稍息

师：老师讲解示范动作要领。告诉幼儿：解放军叔叔做这些动作时，眼睛看着前面，身体是直的。我们也要像解放军叔叔那样做（引导幼儿进行动作练习，及时纠正幼儿的不正确的姿势）。

学生：听口令交替练习立正、稍息。

2. 向前看齐

师：口令："向前看齐""两臂放下"。

师：小朋友们听到"向前看齐"时，站在最前面的小朋友不能动或两臂侧平举，其余幼儿两臂向前平举（掌心相对），同时看前面的小朋友的颈部，在纵队向前看齐后，听到老师说：两臂放下时，大家像立正一样站好。

3. 学习听口令："原地踏步走"

师：老师示范动作要领：上肢要保持正直，自然向前走，两臂前后自然摆动。两脚交替地在原地踏步。老师讲"立定"，小朋友双手自然停下，成立正状态。

师：教幼儿进行动作练习，也可以采取分组的形式进行练习。

4.学习"跑步—走"

师：听到预令（跑步）后，两臂屈于体侧。听到动令后，自然跑。当听到"立定"的时候就马上停下来，不能再走了，要像立正那样站好。（引导幼儿听口令一个跟着一个开火车走成一路纵队，走成圆形队伍）。

三、结束部分

（1）放松活动。

（2）游戏：大皮球。

【活动建议】

引导幼儿在户外游戏时，以学做解放军为荣，从而培养爱国情怀。

案例二

动物模仿操（中班）

【活动目标】

（1）培养儿童观察能力、模仿能力。

（2）锻炼儿童四肢协调能力。

【活动过程】

教师：小朋友们平时看到过哪些动物，它们是怎么走路，活动的呢？

幼儿：举手回答，并模仿动物的行走动作。

教师：对进行动物模仿的小朋友进行鼓励和表扬，然后播放一首音乐，提出问题让小朋友思考：

①这首儿歌里面出现了哪些动物？

②这些动物是怎样活动的呢？

《小动物来做操》的歌词：来来来，来来来，小动物，真可爱。小花猫，喵喵喵，伸伸懒腰，喵喵喵；小小鸡，叽叽叽，找到虫儿叽叽叽；小鸭子，嘎嘎嘎，摇摇摆摆，嘎嘎嘎；小青蛙，呱呱呱，跳上跳下，呱呱呱。

幼儿：回答问题并进行动作模仿。

教师：带领幼儿跟着音乐一起进行动作练习。

【活动建议】

教师可以让大班儿童用自己理解的动物活动动作练习。

思考题

1.简述体操的分类。

2.简述体操的作用。

3.尝试创编一个中班幼儿的徒手操动作组合。背景音乐自选。

项目二　武　术

一、武术的起源

1. 武术的概念

　　武术是以中华文化为理论基础，以技击方法为基本内容，以套路、格斗、功法为主要运动形式的传统体育，其内容丰富精深、社会价值广泛、文化色彩浓厚，是我国传统文化的重要组成部分。

2. 武术的起源与发展

　　武术是人们在生产劳动过程中创造形成的一种体育运动。远古时期，人们的生产力水平极其低下，生活环境十分恶劣，为了生存，人们不得不与野兽斗争。在原始的狩猎活动中，人们逐渐学会了徒手和使用棍棒、石头等器具打击野兽。经过数万年的发展，人们逐渐形成了一定的击刺技巧、攻防姿态与动作。由于生产、狩猎工具的不断创新，人类在劈、砍、击、刺等动作方法上积累了更为丰富的经验，为武术的产生奠定了基础。据史料记载，原始社会的人在参与狩猎、战事等活动的前后，一般要跳"武舞"。"武舞"是对狩猎或者战争场景的模拟，而人们在武舞中幻想以击、刺、杀、伐等动作来产生一种超自然的力量，从而战胜对手，这是武术最主要的原生形态。

　　古代的战争是促进武术运动发展的重要因素之一，到了明清时期，随着火器在军中逐渐占优势，使得武术与军事武艺分离开来，并在民间广为传播，并形成了武术套路、武术内功、内家拳等拳种、流派的区分。明朝程宗猷的《单刀法选》中所绘制的刀、棍等套路演练步法路线图，是至今为止最早的武术套路图谱。明清时期，几乎所有的拳谱上都记载了对习武者的道德要求。由此可见，中国武术无论在理论上还是技术上都带着深刻的伦理性文化的烙印。

　　中华人民共和国成立后，武术作为民族传统文化的一部分，受到党和国家的重视，1950年，中华全国体育总会召开了武术座谈会，倡导发展武术运动。1952年，国家体委成立后，设立了民族形式体育研究会，并于 1955 年，在运动司下设了武术科。为了促进武术文化的传播，推进武术文化进校园，国家武术研究院与教育部体育卫生与艺术教育司共同组织专家创编了中小学生武术系列健身操，并联合下文，要求 2010 年 9 月 1 日起全国普通中小学（含特殊教育学校）、中等职业学校推广实施。

二、武术的文化特征与武德品质

（一）武术的文化特征

1. 包容中和

包容中和是武术文化的主要特征之一。在传统武术中，就套路而言，自成体系的拳种就多达 120 多个，拳械套路多达 5000 多种。尽管这些拳种和器械套路在运动形式上存在各种差异，但依然历久弥新、派别林立的繁荣发展趋势。同时，武术文化主张人与自然的和谐统一，如"形神合一""内外合一""身械合一"等，形成了中国传统武术包容、相互融合、共同进步、和谐共生的文化特征。

2. 道德至上

中国武术向来重视武术道德的考评，甚至在某种程度上"武德胜过武技"。传统武术谚语中有"未曾学艺先学礼，未曾习武先习德"的要求，充分表现了武德教化在武术传授过程中所表现出来的"道德至上"的文化特征。

3. 恒久务实

"一日练一日功，一日不练十日空"是武术中的一句经典的谚语，这充分展现出武术习练的态度。

（二）中华武术道德品质

"文以评心，武以观德"，说明了武德在中华武术文化中的重要地位。武术文化在发展过程中强调道德品质的作用，并以"崇德扬善"来协调习武者与社会的关系，推崇"德"与"技"的统一。《精武会训》中写道："凡我会员必须以仁爱为怀，服务为旨，以我所有，助人所无，牺牲个人之力量，以求造福于人群。"中央国术馆也曾把"爱国、修身、正义、助人"作为武德规范。

党的二十大报告中指出："增强中华文明传播力影响力。坚守中华文化立场，提炼展示中华文明的精神标识和文化精髓，加快构建中国话语和中国叙事体系，讲好中国故事、传播好中国声音，展现可信、可爱、可敬的中国形象。深化文明交流互鉴，推动中华文化更好走向世界。"武术是我国优秀传统文化的代表之一，通过武术学习，一方面，培养学生高尚的武德品质，培养强烈的民族自豪感，维护中华民族尊严，培养社会主义核心价值观、强烈的爱国情怀，养成遵纪守法、尊师爱生、团结互助、文明礼貌等良好品质；另一方面，还要在学习中大力弘扬我国优秀传统文化，传承优秀文化精神。

三、武术的内容与作用

（一）武术的内容与分类

中华武术博大精深，根深叶茂，内容丰富且种类繁多，按拳术性质可划分为内家拳、外家拳等，内家拳主要有太极、八卦、形意等。外家拳主要有少林、查、华、洪等；按地域划分，如南派和北派，南派多用拳，北派多用腿，固有南拳北腿之说；按运动形式划分为套路运动、搏斗运动和功法三种；还有按运动功能划分，有竞技武术、健身武术、学校武术等。

（二）武术运动的作用

1. 健体防身，增进健康

武术套路运动中包含着屈伸、平衡、跳跃、翻腾、跌扑等动作，人体各部位几乎都要参与运动。系统地进行武术训练，能有效提高人体速度、力量、灵巧、耐力、柔韧等身体素质，使人的身心都得到全面锻炼。武术运动讲究调息行气和意念活动，对调节内环境的平衡、调养气血、改善人体机能、健体强身十分有益。

2. 磨炼意志，培养品德

武术继承和发扬了中华传统文化重礼、重德的优良传统。"习武以德为先"，在武术练习中能培养练习者尊师重道、讲礼守信、严于律己等高尚的道德品质。同时，经过长期的武术锻炼能培养形成吃苦耐劳、坚持不懈的精神，磨炼坚强的意志力。

3. 竞技观赏，丰富生活

武术具有很高的观赏价值，无论是套路表演，还是散手比赛，历来为人们喜闻乐见。唐代大诗人李白好友崔宗宗赞他"起舞拂长剑，四座皆扬眉"；杜甫在《观公孙大娘弟子舞剑器行》中有"昔有佳人公孙氏，一舞剑器动四方。观者如山色沮丧，天地为之久低昂"的描写。汉代打擂台，"三百里内皆来观"都说明：无论是竞赛表演套路，还是对抗性散手比赛，都会引人入胜，给人以美的享受，都具有很高的观赏价值。

4. 交流技艺，增进友谊

武术运动蕴涵丰富，技理相通，入门之后会有"艺无止境"之感。人们通过武术技艺的切磋交流思想，增进友谊。随着武术在世界广泛传播，越来越多外国朋友喜欢上中国武术，通过武术交流，进一步了解和认识中国文化，促进传统文化的传播。

知识链接

抱拳礼

抱拳礼是武术运动特有的行礼方式。行礼者右手抱拳，左手掩掌（大拇指紧扣在虎口处）于右拳，并步站立，头正身直，目视对方。

左掌表示德、智、体、美"四育"齐备，象征高尚情操。屈大拇指表示不自大，不骄傲，不以"老大"自居。右拳表示勇猛习武。左掌掩右拳相抱，表示"勇不滋乱""武不犯禁""止戈为武"，以此来约束、节制勇武的意思。

左掌右拳拢屈，两臂屈圆，表示五湖四海（左手掌五个手指指五湖，击左掌的右手四个手指四海），天下武林是一家，谦虚团结，以武会友。

四、武术基本动作

（一）基本手型

武术的基本手型主要有拳、掌、勾、爪四种。

1. 拳（图 3-19）

（1）动作规范：四指并拢紧握，大拇指紧扣食指第二指关节处。

（2）动作要点：手指紧握，手腕挺直。

（3）易犯错误：大拇指没有弯曲紧扣食指，拳面不平。

2. 掌（图 3-20）

（1）动作规范：四指伸直并拢，大拇指弯曲紧扣于虎口。

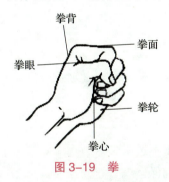

图 3-19　拳

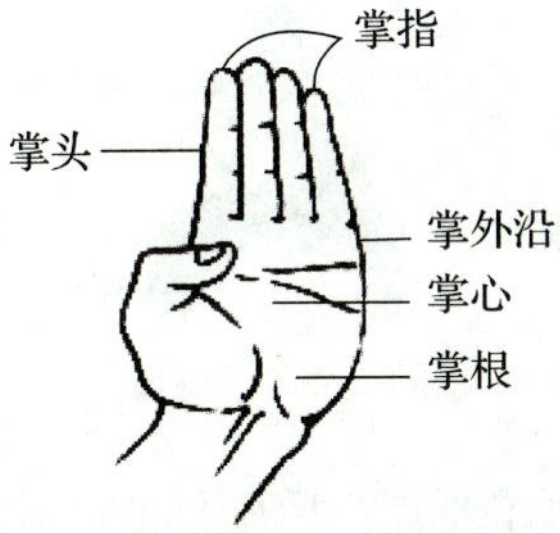

图 3-20　掌

（2）动作要点：掌指要并拢；立掌背伸。

（3）易犯错误：四指不紧，立掌不直。

3. 勾（图 3-21）

（1）动作规范：五指并拢，屈腕。

（2）动作要点：指尖捏紧，屈腕。

（3）易犯错误：没有屈腕。

4. 爪（图 3-22）

（1）动作规范：五指弯曲，立掌伸直。

（2）动作要点：掌指弯曲紧扣。

（3）易犯错误：掌指弯曲不到位，松散无力。

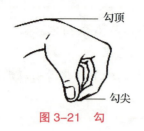

图 3-21　勾

图 3-22　爪

（二）基本步型

1.马步（图 3-23）

（1）动作规范：两脚平行站立（约为本人脚长的三倍），脚尖超前；屈膝半蹲；大腿接近水平；重心立于两脚之间。

（2）动作要点：挺胸、塌腰、展髋。

（3）易犯错误：脚尖外八、重心超前、大腿没有蹲下或者膝盖超过脚尖。

2.弓步

（1）动作规范：两脚前后开立（约为本人脚长的 4 倍）；前腿脚尖稍内扣，屈膝半蹲；后腿伸直，全脚掌着地；重心立于两脚之间；身体立直。左脚在前为左弓步（图 3-24），右脚在前为右弓步。

图 3-23　马步

图 3-24　弓步（左）

（2）动作要点：后腿伸直，全脚掌着地；前脚膝盖不过脚尖。

（3）易犯错误：后腿膝盖弯曲，脚跟拔起，重心前倾。

3.仆步

（1）动作规范：两脚开立；一腿全下蹲，大腿紧贴小腿，全脚掌着地，膝关节外展；另一腿侧仆伸直，脚尖内扣，全脚掌着地；上提稍前倾。仆左腿为左仆步（图 3-25），仆右腿为右仆步。

（2）动作要点：挺胸、立腰；两脚全脚掌着地；仆步腿膝关节要伸直。

（3）易犯错误：全蹲腿拔脚跟，仆步腿膝关节弯曲。

4.虚步

（1）动作规范：两脚前后开立；后腿微蹲，重心落于后腿，脚尖外展约 45°；前腿微屈膝，脚尖虚点地面，绷直内扣；挺胸塌腰。左脚在前为左虚步（图 3-26），右脚在前为右虚步。

（2）动作要点：后腿支撑身体重心，前脚虚点地面，虚实分明。

（3）易犯错误：前脚点地，重心立于两脚之间，虚实不分。

5. 歇步（图3-27）

（1）动作规范：两腿交叉屈膝全蹲，前脚全脚掌着地，脚尖外展；后脚跟离地，臀部外侧紧贴后小腿。

（2）动作要点：挺胸、立腰、两腿贴紧。

（3）易犯错误：两腿松开、弯腰。

图3-25　仆步（左）　　　　图3-26　虚步（左）　　　　图3-27　歇步

（三）基本手法和步法

1. 冲拳（图3-28）

（1）动作规范：开立步抱拳预备。右拳拳心向上，从腰间冲出，接近顶点时拳加速拧转，手臂伸直使拳心内旋向下，拧腰左转，目视右拳，冲左拳的方法同冲右拳。

（2）动作要点：冲拳沿直线冲击，一拳冲出的同时另一拳回收同步进行。

（3）易犯错误：冲拳没有沿直线进行冲击，冲拳和回收不同步。

2. 推右掌（图3-29）

（1）动作规范：开立步抱拳预备。右掌指尖朝前快速伸直，当右臂接近伸直时加速内旋，以掌根外侧为力点向前立掌推出，力达掌根，拧腰左转，目视右掌。左掌推出同推右掌，在左掌推出的同时，右掌外旋屈肘回收至腰间抱拳。

（2）动作要点：拧腰、顺肩、沉腕、快速，立达掌根。

（3）易犯错误：力点不准确，没有立掌，推掌和回收抱拳不同步。

3. 亮掌（图3-30）

（1）动作规范：两脚开立与肩同宽，双手叉腰式抱拳。右手上举至左肩成立掌，然后在体前沿逆时针方向摆至头右上方时迅速抖腕翻掌，臂微屈，掌心斜向上方，掌指向左。头向左看，眼看左方。

（2）动作要点：掌臂绕摆要快、脆，抖腕翻掌和转头要同时完成；眼随手动。

（3）易犯错误：甩掌时容易出现耸肩，亮掌手臂没有上撑到位。

图3-28　冲右拳　　　　图3-29　推右掌　　　　图3-30　亮掌

4. 正踢腿（图 3-31）

（1）动作规范：双手侧平举成立掌，左脚上步，前移重心的同时右脚勾脚尖，直腿向正前上方摆踢，然后原路返回脚尖点地；右脚上半步，前移重心踢左腿。左右交替进行。

（2）动作要点：头正，身直，稍前倾；支撑腿要直，上踢腿脚尖要勾紧，收髋，落地要轻。

（3）易犯错误：身体左右晃动，容易出现掉胯。

5. 弹踢腿（图 3-32）

（1）动作规范：左腿直立，上体向左拧转，同时，右腿屈膝上提，绷脚背，挺膝向前弹踢小腿，力达脚背。

图 3-31　正踢腿　　　　　　　　　图 3-32　弹踢腿

（2）动作要点：以膝带腿；脚背绷紧，身体直立不晃动。

（3）易犯错误：身体晃动，力点不准确。

6. 蹬腿

（1）动作规范：身体重心移至左脚，右脚屈膝提起，勾脚快速向前踢出，力达脚跟。右蹬腿后，迅速收回还原姿势。

（2）动作要点：大腿带小腿起，屈膝提起，挺膝发力，动作连贯、快速。

（3）易犯错误：身体晃动，力点不准确。

7. 侧踹腿

（1）动作规范：左脚直立或者微屈支撑，在身体向左转 180° 的同时，右脚屈膝前抬，小腿外摆，脚尖翘起，脚掌正对攻击目标，用力向前踹出，力达脚掌，上体可侧倾，踹后快速收回小腿还原姿势。

（2）动作要点：大腿推动脚直线向前发力，踹出后上体、大腿、小腿和脚掌成一条线。

（3）易犯错误：踹出力点不准确，重心不稳。

（四）动作组合

1. 手型组合

手型组合是把三个基本手型进行简单组合的手型练习，由并步冲拳、并步亮掌和并步勾手组成，适用于武术初学者进行手型的练习。

（1）开立步抱拳预备式。

（2）并步冲拳。

（3）并步亮掌。

（4）并步勾手。

2. 五步拳

五步拳发源于山东省聊城市冠县张尹庄村，是长拳类武术的基本练习方法，主要用于武术拳法套路入门、提高四肢动作协调力，是查拳基础套路之一，中国传统武术拳法之一。五步拳将武术中最基本的弓、马、仆、虚、歇五种步型结合拳、掌、勾三种手型及上步、退步步法和搂手、冲拳、按掌、穿掌、挑掌、架打、盖打等手法构成的组合练习套路，由弓步冲拳、弹踢冲拳、马步架打、歇步盖冲拳、提膝仆步穿掌、虚步挑掌几个动作组成。

（1）预备式（图3-33）：身体直立，两脚并拢，两臂自然下垂，两掌轻贴大腿外侧；眼向前平视；两掌握拳，屈肘收抱于腰间，拳心向上，目视前方。

（2）弓步冲拳（图3-34）：左脚向左迈出一步，成左弓步；左手向左平搂并顺势收至腰间抱拳，右拳向前冲出，拳心朝下，目视前方。

（3）弹踢冲拳，重心前移，左腿挺膝立起，右腿屈膝提起，当大腿抬至接近水平时，迅速挺膝绷脚面，向前甩摆小腿，腿成水平的同时，右拳收抱至右侧；左拳自腰侧向前立拳冲出，高与肩平，力达拳面，目视左拳。

（4）马步架打（图3-35）：右脚向前落步，脚尖内扣，上体左转90°，两腿屈膝半蹲成马步；同时左拳变掌，屈肘上架于头上方，掌缘朝上，掌指尖朝右，右拳自腰侧向右立拳冲出，臂与肩平，目视右拳。

图3-33 预备式　　　　图3-34 弓步冲拳　　　　图3-35 马步架打

（5）歇步盖冲拳（图3-36）：左转身约90°，左脚向右脚后插步，脚前掌着地，同时左掌收至腰侧抱拳，拳心向上，右拳变掌向上经头上方，向前下方盖至胸前，环臂，掌心向下，指尖向左，目视右掌；两腿屈膝全蹲成右歇步，同时右掌变拳收至腰右侧，左拳自腰侧向前平拳冲出，目视左拳。

（6）提膝仆步穿掌（图3-37）：右腿挺膝直立，左腿屈膝提起的同时，左拳变掌屈肘回收下按；右拳变掌自腰侧经左手背上向前上方穿出，左掌顺势回收至右腋下，目视右掌。

图3-36 歇步盖冲拳　　　　　　　图3-37 提膝仆步穿掌

（7）虚步挑掌（图3-38）：重心前移，左腿屈膝蹲起，脚尖外展，右脚随之蹬地向前上步，脚尖内侧着地成右虚步的同时，左手向前、经上绕至左后方成勾手；右手向下、经

体右侧绕至右前方成立掌，左手稍高于肩，右手臂略低于肩，目视右手。

（8）收势（图3-39）：右脚收至左脚内侧，两腿随之挺膝立起的同时，右掌收于腰右侧抱拳；左掌收于左侧抱拳，目视前方。

图 3-38　虚步挑掌

图 3-39　收势

五、太极拳

（一）概述

太极拳是中华武术优秀拳种之一，它以中国传统儒、道哲学中的太极、阴阳辩证理念为核心思想，集颐养性情、强身健体、技击对抗等多种功能为一体，结合易经的阴阳五行之变化，中医经络学、古代的导引术和吐纳术形成了一种内外兼修、柔和、缓慢、轻灵、刚柔相济的传统拳术。并于 2006 年被列入中国首批国家非物质文化遗产名录，于 2020 年被列入世界级非物质文化遗产名录。

传统太极拳门派众多，常见的太极拳流派有陈式、杨式、武式、吴式、孙式等派别，各派既有传承关系，相互借鉴，也各有自己的特点，呈百花齐放之态，但各派的拳理相同，练习时身体各部位的姿势要求和运动特点基本一致。从 20 世纪 50 年代起，先后推出了二十四式简化太极拳、四十八式太极拳等竞赛。

太极拳动作柔和、速度较慢、拳式简单，而且架势的高或低、运动量的大小都可以根据个人的体质而有所不同，能适应不同年龄、体质的需要，因此，太极拳深受百姓喜爱，具有广泛的群众基础，是中国武术拳种中非常具有生命力的一支。

（二）练习要点

1. 心静体松

在练习太极拳时，思想上应排除一切杂念，不受外界干扰；同时，在练拳时保持身体姿势正确的基础上，有意识地让全身关节、肌肉以及内脏等达到最大限度的放松状态。

2. 圆活连贯

太极拳练习所要求的"连贯"包括两个方面。一方面是指肢体的连贯，以腰为枢纽，在动作转换过程中，对下肢是以腰带跨，以跨带膝，以膝带足，对上肢是以腰带背，以背带肩，以肩带肘，再以肘带手；另一方面是动作与动作之间的衔接，即"势势相连"，前一动作的结束就是下一个动作的开始，动作之间没有间断和停顿，连贯、活顺、自然。

3. 虚实分明

"运动如抽丝，迈步似猫行"说的就是太极拳的动作要注意虚实，变换要适当，肢体各部在运动中没有丝毫不稳定的现象。一般来说，下肢以主要支撑体重的腿为实，辅助支撑或移动换步的腿为虚；上肢以体现动作主要内容的手臂为实，辅助配合的手臂为虚。总之虚实不但要互相渗透，还需要在意识指导下变化灵活。

4.呼吸自然

在进行太极拳练习时，都应自然、匀细，徐徐吞吐，要与动作自然配合。初学者多采用自然呼吸。

（三）太极拳——八法五步

太极八法五步是国家体育总局武术运动管理中心推出的继简化二十四势太极拳之后的一个更加简化的太极拳入门套路。八法是指掤，捋，挤，按，采，挒，肘，靠八个基本招式；五步是指进，退，顾，盼，定。即前进，后退，左顾，右盼，中定。

（1）起势。

（2）左掤势、右捋势、左挤势、双按势。

（3）右采势、左挒势、左肘势、右靠势。

（4）右掤势、左捋势、右挤势、双按势。

（5）左采势、右挒势、右肘势、左靠势。

（6）进步左右掤势。

（7）退步左右捋势。

（8）左移步左挤势、左移步双按势。

（9）右移步右挤势、右移步双按势。

（10）退步左右采势。

（11）进步左右挒势。

（12）右移步右肘势、右移步右靠势。

（13）左移步左肘势、左移步左靠势。

（14）中定左右独立势。

（15）十字手。

（16）收势。

太极拳——
八法五步

六、武术操

武术操是将武术基本功与体操节拍相结合，按照体操的创编原则和要求，组合成各种单个动作和组合动作，在音乐伴奏下的完成一种锻炼形式，运动量大于一般广播体操，可使全身各部位的组织和器官都得到锻炼，并可在优雅音乐的伴奏下缓慢进行，提高锻炼的乐趣，有较好的健身效果。目前，全国中小学系列武术操共有四套，分别是"旭日东升""雏鹰展翅""英雄少年""功夫青春"。

武术操——
旭日东升

武术套路赏析

少年拳长拳第一路：https://v.youku.com/v_show/id_XNDU5OTc0MjY4.html

棍术：https://v.youku.com/v_show/id_XNDU5OTc0MjY8.html

刀术：https://v.youku.com/v_show/id_XNDU5OTc0MjY8.html

剑术：https://v.youku.com/v_show/id_XNDU5OTc0MjY8.html

七、学前儿童武术教学设计

学前儿童时期是学习武术的良好时期，也可以在武术练习过程中培养爱国主义情怀、不怕吃苦、尊师重道等良好的道德品质。由于学前儿童身体发育和心理年龄独具特点，在这个时期可以武术基本动作、简单组合的教学和练习为主。

（一）教学要求

1. 熟悉学前儿童身心发育特点

学前儿童与其他年龄的儿童少年有所不同，他们的年龄都还很小，身体、心理发育还不成熟。因此，在进行这个群体学生的武术教学时，要先熟悉他们的身心发育特点。在身体上，学前儿童的骨骼弹性大，肌肉力量小，呼吸机能、心肺功能等还不成熟；在心理发展上，这个年龄段，儿童的第二信号系统发育还不成熟，注意力不容易集中，有意注意时间短，但是他们的模仿能力特别强。

2. 选择适合的内容和活动形式

根据学前儿童身心发育特点，对于这个年龄段儿童武术教学的主要目的是培养兴趣，引导方向为主。在教学内容上，应以基础的基本动作为主，如简单的弓步冲拳、马步冲拳等，还可以把基本手型、步法结合音乐韵律创编形成简单的武术操等。在活动形式上，采用丰富多样的活动形式进行，如设置情境并结合音乐、游戏化等进行教学，而不仅使用简单的教师示范讲解，学生模仿的传统教学方式。

3. 强调武德内涵，培养良好礼仪规范

学前儿童时期是培养良好行为习惯的重要时期，通过武术学习，在武术教学过程中注重武术道德精神的培养，教育学生养成以礼待人，互相尊重，团结合作等良好的礼仪规范；进行爱国主义教育，传承和发扬中国优秀传统文化，培养爱国主义情怀。

（二）学前儿童武术组合动作的创编

1. 明确创编的目的和任务

进行武术组合动作创编一定要根据教学对象特点，有针对性地选择一些适合对象特点的内容，以达到完成教学的目的和要求。日常教学应以简单动作为主，如果是表演或者有其他活动目的要求的可根据教学对象水平适当调整活动动作的数量、难度等。

2. 符合学前儿童身心特点

学前儿童年龄偏小，对武术学习的兴趣和动机比较简单，在进行动作组合创编时，在内容上要求简单、易学、易懂、易记、易练。动作不宜太多，一般以 2~3 个动作为佳；动作路线不宜复杂，动作的变化幅度不能太快。

3. 大胆改编，勇于创新

在创编组合动作时，不要拘泥于一种拳种或者风格作为创编的元素，可以将多种拳种动作进行大胆的创新和改编，使之成为一种更符合教学需求的动作组合。

八、学前儿童武术活动案例

案例一

幼儿武术操（中班）

【活动目标】

（1）通过简单武术操的练习来锻炼幼儿身体协调能力和节奏感。

（2）通过武术谚语、故事、游戏的渗透与训练培养幼儿对武术的热爱，提高他们对武术学习的兴趣。

（3）弘扬中国优秀传统文化，培养幼儿爱国情怀。

幼儿武术操

【教学重难点】

（1）熟悉武术操动作。

（2）动作节奏的掌握，武术兴趣的保持和激发。

【活动准备】

音响设备。

【活动过程】

1. 准备部分

（1）师生互相问好，声音洪亮，朝气、活泼。

（2）热身活动。

①直线跑、蛇形跑、加速跑，让幼儿的身体逐渐热起来，注意节奏和速度。

②关节活动，带领幼儿通过模仿小动物的动作来完成，调动幼儿的活动积极性。

2. 教学部分

（1）复习前面所学的手型和动作，在教师的带领下逐一完成。

（2）教师示范武术操动作。

师：小朋友们看到教师刚做的动作中有没有你们会做的？

请幼儿1说明示范。

请幼儿2说明示范。

请幼儿3说明示范。

教师小结：刚才小朋友们都回答正确，这些动作我们大部分都已经掌握了，但是要特别提醒大家主要动作的连接顺序。下面，我们一起来学习吧！此时播放武术操音乐，激发幼儿的活动热情，教师在音乐节律下带领幼儿完成学习。

3. 结束部分

（1）放松性练习。

（2）总结反思。

【活动拓展】

（1）回家把所学武术操表演给家长看。

（2）请家长讲一个有关中国武术的人物或者故事，回学校与其他幼儿分享。

案例二

五步拳（大班）

【活动目标】

（1）通过武术拳的学习来锻炼幼儿身体协调能力和节奏感。

（2）培养幼儿对武术的热爱，提高对于武术学习的兴趣。

（3）帮助幼儿进一步了解中国传统武术文化，培养爱国情怀。

【教学重难点】

（1）熟悉武术动作。

（2）动作节奏的掌握，动作路线清晰。

【活动准备】

音响设备。

【活动过程】

1. 准备部分

（1）师生互相问好，声音洪亮，朝气、活泼。

（2）热身活动。

①跟随音乐进行武术操练习，调动幼儿的活动积极性。

②游戏——武术基本动作练习。

2. 教学部分

（1）复习前面所学的手型和动作，在教师的带领下逐一完成。

（2）教授五步拳动作。

师：小朋友们，你们听说过少林寺吗？少林寺的僧人有什么很厉害的本领，对，是中国功夫，大家想不想学啊？今天教师教给大家一套帅气的中国功夫——五步拳。教师进行动作示范。

幼儿：这些动作没有少林寺的厉害，不能飞。

师：简单讲授武术的分类、起源等，引导幼儿建立正确的学习观，激发对于武术学习的兴趣。

（3）教师进行动作的教学示范。

（4）播放音乐后，幼儿分组练习，教师巡回指导。

（5）幼儿进行动作展示。

3.结束部分

（1）放松性练习。

（2）总结反思。

思 考 题

1.简述武术的基本手型和基本步法。

2.简述弓步的动作要领和易犯错误。

3.独立借助线上学习平台学习一套武术操的动作。

模块四
趣味与灵敏

项目一　篮球

学习目标

知识目标： 了解篮球运动的基本内涵、基本动作技能规范、竞赛规则。

能力目标： 掌握篮球的基本动作技能、学前儿童篮球活动组织与设计。

素质目标： 弘扬篮球运动体育文化，培养青年大学生团结拼搏的精神。

一、篮球运动的基本内涵

1. 篮球的概念

篮球是一项以手为中心的同场竞技运动，是运用传球、投球、击球、滚动或移动球等技术动作，以盘带、投篮、上篮、扣篮和战术配合为中心进行的球类比赛。由两组队员参加，每组队员 5 人，以将球送入对手的篮筐得分。它是奥运会中的核心项目。

2. 篮球的起源与发展

篮球起源于美国，由马萨诸塞州基督教青年会国际培训学校的加拿大裔美国体育教师詹姆斯·奈史密斯博士发明。奈史密斯发明篮球的灵感来源于当地儿童将球投向桃筐的游戏，他发现大家喜欢把球扔到桃筐里玩，于是，他在体育馆的地板上画了一条线，然后把两个桃筐钉在体育馆两侧的墙上，作为篮筐，篮球运动就此诞生。

1896 年，篮球传入中国。1896 年，天津基督教教育青年协会举办了中国第一场篮球比赛表演。后来，其在天津、北京和其他城市青年协会得到了推广。1910 年，篮球在第一届全国运动会上，篮球首次被列为表演项目。1914 年，篮球在第二届全国运动会上被列为男子的正式比赛项目，1924 年，篮球被列为第三届全运会的女子正式比赛项目。自 1951 年以来，篮球一直是亚运会的正式比赛项目。目前，世界篮球文化作为世界上的一项热门运动，在世界范围内得到了广泛的普及、发展和完善。

篮球运动发展的特点主要体现在以下几个方面：①大众篮球运动在世界范围内的普及和比赛人文氛围的全面改善。②学校篮球的健身和教育功能显著，活动形式丰富多彩。③职业篮球在全球范围内扩张，增强了其商业气息，提高了其观赏性。

3. 篮球运动的价值

（1）观赏价值：高超的投篮技巧、犀利的突破、如画的后仰跳投让球迷们赞不绝口。

（2）文化价值：它的发展过程中有着各种各样的球员励志故事，如姚明、易建联、王治郅等优秀篮球运动员的故事，他们不忘初心，坚持奋斗，面对许多困难和挫折，最终取得了卓越的成就。

（3）社会价值：篮球是一项团队运动，需要与队友合作才能在比赛中走得更远，这有利于促进与队友产生深厚友谊。

（4）健身价值：定期的篮球训练或比赛有利于促进篮球爱好者的体力、耐力、速度、力量等的全面提升，也有助于提高篮球爱好者神经中枢的灵活性。

二、篮球运动的体育文化与精神表现

党的二十大报告提出"加快建设体育强国"。作为三大球运动之一的篮球，是推进体育强国建设的一支重要力量。篮球具有竞技性、娱乐性和观赏性的特点。它独特的体育魅力可以对人们，尤其是各个年龄段的学生产生深远的影响。例如，篮球场上精妙的传球协调，抢断后帅气的得分等这些比赛中的精彩场面可以让人们在观看比赛的同时开始喜欢篮球，这增加了人们参与篮球和体育锻炼的热情。与此同时，它还可以提高人们的身体素质，形成良好的生活习惯，促进体育锻炼的氛围，改善城市体育设备和设施，提高人们的体育道德。

1. 提高生命活力

篮球运动涵盖跑步、跳跃、投掷等多种身体形式。因此，它可以全面、有效地促进身体素质和人体机能的全面发展，提高和保持人体活力，为人类所有活动奠定坚实的身体基础，提高生活质量。

2. 满足多种需要

篮球运动形式多样，具有很好的参与性、趣味性、适应性、娱乐性和竞争力，能够满足不同群体的多样化需求。篮球活动的形式因人而异，运动量可以随意调整，因此，适合

各类人群广泛参与。

3. 培养分析和解决问题的能力

在篮球场上，参与者需要根据自己的实力与不同的对手进行分析和比较，斗智斗勇，扬长避短，战胜敌人。这可以有效促进参与者心理（智力、意志力、性格等）、技能、观察力、应变力等综合能力的提高，锻炼和培养发现、分析和解决问题的能力。

4. 培养团队意识

篮球强调合作和团队合作，在篮球运动过程中，可以培养人们的团队竞争意识、拼搏进取、永不放弃的等良好意志品质。同时，篮球运动中的每一个决定都要求迅速而果断，这可以培养人们对细节的关注和一丝不苟的精神。

三、篮球的分类与篮球运动的作用

1. 篮球的分类

篮球有 3 号、5 号、6 号和 7 号四种类型，区别在于它们的质量和体积。3 号篮球质量在 300~340 克，周长为 56~57 厘米，适用于儿童。5 号篮球质量在 470~500 克，周长为 69~71 厘米，适用于青少年。6 号篮球质量为 510~550 克，适用于成年女子。7 号篮球质量为 600~650 克，周长为 75~76 厘米，适用于成年男子。如果是年龄偏小的幼儿（中班、小班），可使用更小质量和体积的带有篮球样式的充气皮球代替。具体使用情况，可根据小、中、大班三种年龄段幼儿实际情况选材。常见三种篮球大小示意如图 4-1 所示。

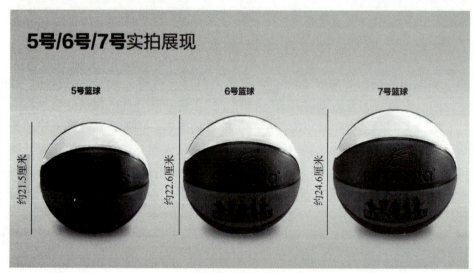

图 4-1　常见三种篮球大小示意

2. 篮球运动的作用

1）健体强身，促进代谢

参加篮球运动可以改善心血管系统、呼吸系统、消化系统、神经系统等方面的功能，促进人们的身体健康。篮球客观上要求参与者在力量、速度、灵活性、耐力和灵敏度方面具有更高的能力，在篮球运动过程中，参与者的身体活动能力、身体素质和运动能力都会有较大的提高，还助于控制体重和改变体型。

2）能有效促进人的心理健康

篮球运动对改善人的情绪状态、焦虑水平，建立良好的自我评价，增强自信心，培养坚强的意志和团结精神，消除心理疲劳，缓解心理压力等心理问题具有显著的促进作用。

3）提高人的社会适应性和团队意识

篮球是团体项目，在活动过程中要进行不断的沟通和配合等。经常性参加篮球运动可以提高人的社会适应能力。目前，篮球已被越来越多的人（包括老年人、妇女和青少年）接受，作为健身、娱乐、结识朋友、提高生活质量和丰富生活内容的手段。同时，可以提高参与者的团队意识，强化团队观念，增强集体荣誉感。

四、篮球基本动作

篮球技术动作是篮球运动的基础，是篮球教学的重点。

（一）移动

移动是篮球比赛中为了改变位置、方向、速度和争取高度采用的各种脚步动作的通称。

1. 起动

起动是队员在球场上由静止状态变为运动状态的一种动作，是获得位移初速度的方法（图4-2）。

【动作要领】向前起步是用后脚前掌的下掌快速有力地推动地面，重心向前移动，上身前倾，快速向前移动。开始后跑出的前两三步应该简短而快速。

图4-2 起动动作示意

2. 变向跑

变向跑是队员在跑动中突然改变方向的一种脚步动作（图4-3）。

【动作要领】以右向左变向跑为例，队员跑动中最后一步用右脚下前脚掌制动。同时，脚下内侧蹬地、屈膝、脚尖稍向内扣，腰部随之左转、重心左移，上体稍前倾；同时，左脚向左前方跨出一小步，右脚再迅速向左腿的侧前方跨出一大步。

图 4-3　变向跑动作示意

3. 侧身跑

跑动时为了观察场上情况并随时准备接侧耳后方传来的球而经常采用的跑动方法（图 4-4）。

【动作要领】向侧面开始是利用对侧脚的前脚掌在地面上用力推动，同时，上身快速转向开始方向并向前倾斜，重心跟随动作快速向跑步方向移动。步法与向前起步相同。

图 4-4　侧身跑动作示意

（二）传、接球

1. 双手胸前传球（图 4-5）

【动作要领】双手的五个手指自然张开，两个拇指形成八字形。把球举过手指根部，用你的心把它掏空。肘部在身体侧面自然弯曲，将球放在胸部和腹部，双脚前后站成基本姿势。传球时，注意传球方向，双臂向前伸展，手腕从下向上转动，从内向外转动，快速晃动手腕，拇指向下用力按压，食指和中指用力轻弹以传球。传球后，手掌和拇指向下，其他四个手指向前。要远距离传球，需要增加腿部和腰腹部的协调性。

图 4-5　双手胸前传球动作示意

2. 单手肩上传球（图 4-6）

【动作要领】（以右手为例）双手在胸前持球，双脚前后站立，左脚在前，左肩面向传球方向，将球引至右肩，右手持球，肘关节伸展，右手腕向后倾斜，球保持在手指根部上方，手掌是空的，重心落在右脚上。传球时，右脚蹬地，身体转动，前臂快速向前摆动，手腕向前弯曲，通过大拇指、食指和中指传球。

图 4-6　单手肩上传球动作示意

3. 单手胸前传球（图 4-7）

【动作要领】持球技术与单手肩上传球相同（以右手传球为例）。将球从胸部引导至身体前方的右耳。传球时，摇动前臂和手腕，快速向前扑，然后向内转。同时，食指、中指和无名指用力将球拉出。

图 4-7　单手胸前传球动作示意

4. 双手头上传球（图 4-8）

【动作要领】双手放在头上握住球，手肘微微弯曲。持球技术与双手胸部传球相同。传球时，前臂向前摆动，手腕向前扣并向外转动，用大拇指、食指和中指拉动球。远距离传球时，应踩在地上，腰腹用力，协调全身将球送出。

图 4-8　双手头上传球动作示意

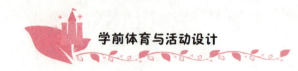
5. 接球（图4-9）

【动作要领】接球动作有两种：双手捕获和单手捕获。无论用哪种方式接球，都应该保持眼睛盯着球，放松肩膀和手臂，向球弯曲手臂，手指自然分开放松。当手指碰到球时，手臂立即跟随球以缓冲传入的力量，将球保持在胸前，保持身体平衡，并准备射门、传球和突破。

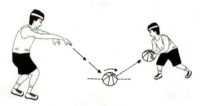

图4-9　接球动作示意

（三）投篮

投篮手形示意和投篮路线示意如图4-10和图4-11所示。

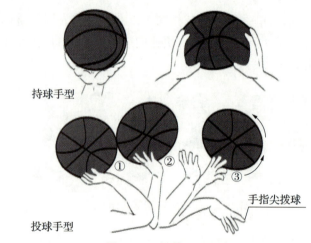

持球手型

投球手型

①　②　③　手指尖拨球

图4-10　投篮手形示意

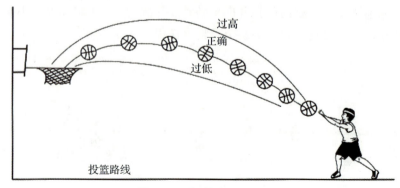

过高

正确

过低

投篮路线

图4-11　投篮路线示意

原地投篮

（1）双手胸前投篮（图 4-12）：双手持球于胸前上方（高度接近肩部），握法与双手胸前传球相同，肘关节自然下垂，上身微微向前，双脚站在前方或周围，膝盖微微弯曲，重心在双脚之间，目标被视觉击中。当正确投球时，双脚前脚放在地面上，伸展腰部和腹部，手臂向前上方伸展。当手臂即将伸直时，两个手腕同时向外转动，大拇指向前按压，指尖拉动球，用大拇指、食指和中指的力量投掷球，最后腿部、腰部和手臂自然伸直。

图 4-12　双手胸前投篮动作示意

（2）单手肩上投篮（图 4-13）：（以右手为例）右手五指自然分开（手掌是空的），触摸手指根部上方的球，向后弯曲手腕，弯曲肘部将球保持在耳侧周围，肘部内收，前臂几乎垂直于地面，左手握住球的左侧，右脚稍微向前，左脚稍微向后，重心放在双脚之间，膝盖微微弯曲，目视篮筐。投篮时，双脚前脚掌应用力推在地面上，伸展腰腹部，抬起肘部，手臂向上伸展。当它将要伸直时，手腕应用力向前弯曲，手指应移动球，球最终应抛在中指和食指的指尖。球释放后，腿、腰和手臂自然伸直。

图 4-13　单手肩上投篮动作示意

（四）运球

运球是指持球队员在原地或行进间用单手连续按、拍借助地面反弹起来的球。

1. 原地低运球技术（图 4-14）

如果运球接近防守队员或防守队员来抢球时，运球队员应改用低运球突破对手，用身体保护球，并善于运用假动作摆脱防守。

【动作要领】双脚前后张开，膝盖弯曲，上身微微前倾，向前看，重心在前脚掌心，手腕放松，手掌与地面平行，五指自然分开。用手指和指尖按压并拍打球。以肘关节为轴，前臂被上下拉伸和按压，球的反弹力由手指和手腕缓冲，以控制球的高度和落点。一般来说，运球的落点应该略高于运球者同侧脚的外侧。运球的高度在膝关节以下。为了保护球，运球者应该将球、自己和防守队员保持在一条线上，不运球的手臂应该抬起。向前移动时将球低抛；向左改变方向时球拍的右半部分；右边是相反的。

图 4-14　原地低运球动作示意

2. 原地高运球技术（图 4-15）

多用于快速运球，提高运球高度加大反弹距离，与快速奔跑相结合。

【动作要领】膝盖微微弯曲，上身微微前倾，向前看，用手按压球的后半部分，球将落在你的侧耳前方（根据速度确定运球的距离），球的反弹高度在你的腰部和胸部之间，你的手和脚应该协调。这种运球具有很高的重心，便于观察球场上的情况。

原地运球

图 4-15　原地高运球动作示意

3. 行进间运球（运球急起急停）（图 4-16）

当对手的防守非常严密，无法使用快速运球来超越对手时，利用运球速度的突然变化来快速停止和启动，以摆脱对手。或者在静止状态下运球，突然冲向对手。关键是动作是突然的，球是一致的。

【动作要领】运球紧急停止与不持球的紧急停止相同。当运球突然停止时，稍微向前按压球拍的上部，使球与地面垂直反弹，并用相对的手臂和身体保护球。

起步时，将前脚和后脚推向地面内侧，上身前倾，重心前移。与此同时，轻拍球的背部和顶部，并利用起跑速度超越对手。

图 4-16　运球急起急停动作示意

五、学前儿童篮球教学设计

篮球活动可以有效促进学前儿童体型和身体素质的发展，特别是提高学前儿童动作的敏感性、协调性和肢体肌肉力量，从而总体上改善学前儿童上肢肌肉力量的弱点，使学前儿童的身体素质更加均衡。同时，这也有利于学前儿童健康心理的形成和发展。

（一）学前儿童篮球设计目标

篮球作为一项传统的竞技运动，在技术动作要求上要高于基本的身体活动动作，因此，在进行儿童篮球活动设计时要注意以下几点。

1. 兴趣目标

1）兴趣动力

兴趣是最好的教师。篮球活动和游戏的结合要符合3~6岁儿童的生理和心理特点，在进行篮球活动设计时要遵循基本的特点，这有助于提高儿童对篮球的兴趣。

2）趣味竞赛

玩是儿童的天性，在进行篮球活动设计时可把篮球基本技术动作进行游戏形式的设计，开展各种有趣的合作和比赛活动，鼓励幼儿积极参与篮球活动。在活动过程中，幼儿的身体得到了锻炼，体质得到了增强，身心得到了快乐，也促进了健康、快乐的成长。

2. 良好习惯目标

教师要有计划地开展篮球活动，系统地组织幼儿进行各种基本动作练习，促进幼儿长期接触篮球活动，让参与篮球活动成为生活中的良好行为。这种行为不仅对现在有益，也有利于孩子的发展，为小学、中学甚至成人的体育锻炼奠定了基础。

3. 均衡发展目标

学前儿童的运动包括步行、跑步、跳跃、钻孔、攀爬、平衡、投掷等方面。每个方面对儿童的身体发育都有不同的促进作用，因此，应考虑每个方面。在日常篮球活动中，教师通过不同的游戏方式进行全方位的基础动作练习和体育锻炼，以促进学前儿童身体的全面、平衡和协调发展。

（二）儿童篮球开展计划

1. 制订好篮球课程计划，创设良好的运动环境

教师可通过每节篮球课后的实践、探索、反思和实践教学，以及反思和案例分析，开发一套适合大、中、小班的篮球课程。学习内容应符合学前儿童的年龄特点。在教学中，篮球活动应以童谣、游戏、趣味游戏等多种形式进行，练习基本动作，掌握动作要领，规范动作。在节日表演、亲子游戏等活动中展现篮球的魅力。

2. 依据幼儿的动作发展规律，指导过程从易到难

儿童掌握和熟悉某个动作一定是一个循序渐进的过程，儿童之间存在明显的个体差异。因此，教师要站在幼儿的立场，充分观察他们的行为，把握他们的内心思想，有针对性地进行个性化辅导。同时，不同层次、不同需求的幼儿应该有自己的选择，这样才能达

到活动的最佳效果。

3. 在篮球课上提问，发挥学前儿童的主动性，拓展思维，创新玩法

基本动作练习完成后，教师让幼儿在活动中思考怎么玩？积极探索其他方法？如果不能用手持球，该怎么玩？两个人不用手怎么能移动球？让他们积极思考，勇于创新，大胆实践。这不仅会激发他们参与活动的兴趣和热情，也有助于提高和拓展他们的活动能力。

4. 给学前儿童更多的"自由"

在篮球教学活动结束时，还可以给他们一些时间和空间进行自由活动，这样他们就可以根据自己的爱好自主选择和搭档，并在快乐有趣的环境中与他人交流和分享自己的发现。

（三）学前儿童篮球活动课程设计

1. 制订教学计划

制订一套符合学前儿童身心特点的教学计划，在实践中加以完善，形成一套完整、连贯、有趣的计划。对于小班儿童，教师可以给小篮球取名为"球贝贝"，比如"我和球贝贝是朋友"（定点球拍）、"把球贝贝送回家"（运球离开）、"袋鼠妈妈带着球贝贝跳"等，这样，他们可以把自己当成小主人，喜欢上小篮球课。大、中班的名字比较直白，比如"红绿灯"（停止盘带）、"钻孔"（高低盘带），"好朋友手拉手"（左右盘带）和"为彼此而战"，让他们在集体游戏中感受到合作和竞争的快乐感，能够积极参与游戏，等等。

2. 开展篮球日活动

开展有趣实用的大班篮球日活动，提高幼儿的兴趣，让每个幼儿都能积极参与活动。

3. 合理设计活动内容

篮球教学活动的安排要细致，教师要清楚幼儿学习的重点和难点，引导他们以简单的方式掌握技能。小班儿童学习各种滚球、定点球拍，以及对篮球的简单理解；中班儿童单手运球动作是一致的，学会左右手交替击球；大班儿童学习球拍、传球、接球、投篮和打篮球。教师可以通过训练有效地指导孩子们的小型篮球活动。

4. 注重动作的难度

注意篮球活动的单向目的和活动准备的简单性。小班主要是培养幼儿对小篮球活动的兴趣，学习小篮球的简单知识和基本动作；中班培养幼儿对篮球的兴趣，丰富幼儿的篮球运动技能；大班进一步丰富了篮球运动技能，帮助他们树立了正确的竞争意识。教师围绕这些目标组织和开展各种形式的篮球比赛，提高他们的兴趣。篮球课的准备主要是篮球场和确保每个人都有球。障碍运球可以让他们自己完成。

5. 开展联合演习表演活动

开展亲子游戏、运动会、篮球练习、篮球表演等活动，提高篮球课程的完整性。这样可以让幼儿体验运动的乐趣和对篮球的兴趣；同时，也让他们的基本素质得到发展。

6. 利用器材进行放松

篮球活动中放松部分的创造力。教学活动结束时，充分利用幼儿手中的球，以球为载体，让幼儿在球上放松。例如，可以在球上拍手，在球上放松双脚，将双脚转向球上，将双腿跪在球上，背部压在球上揉，也可以与朋友面对面拍手，拉双手，拍肩膀，推双脚。幼儿们自由放松，享受坐在球上的乐趣。

六、学前儿童篮球活动案例

案例一

幼儿篮球操（中班）

【活动目标】

（1）锻炼幼儿跑步能力和身体协调能力，激发幼儿对体育游戏的热爱。

（2）通过篮球小游戏的渗透与训练，培养幼儿对篮球的热爱，提高对篮球学习的兴趣。

【活动准备】

3号篮球每人1个、音响设备若干。

【活动过程】

一、准备部分

（1）师生互相问好，声音洪亮，朝气、活泼。

（2）热身活动。

①直线跑、变向跑、加速跑，让幼儿身体逐渐热起来，注意节奏和速度。

②律动操练习，调动幼儿的活动积极性。

二、教学部分

播放篮球操音乐，激发幼儿活动热情，教师把几个已学篮球动作在音乐节律下带领幼儿完成学习（手指拨球，绕头、腰、膝转，高、低拍球等）。

三、结束部分

（1）放松性练习。

（2）总结反思。

四、拓展部分

（1）幼儿回家把所学篮球操动作展示给家长看。

（2）请家长讲一个有关篮球人物的故事，回幼儿园与其他孩子分享。

案例二

前线支援（大班）

【活动目标】

（1）以抗战故事为背景，孩子们扮演八路军小战士，为前线（篮筐或指定位置）输送弹药（运球）。

（2）能绕障碍运球，锻炼身体灵敏、协调素质。

（3）在运球时能较合理地调节步幅，尽量控球不掉球。

（4）激发小朋友对体育活动的兴趣。

【活动准备】

3号篮球每人1个、标志杆若干。

【活动过程】

1. 准备活动

（1）自编球操练习，幼儿们人手1个小号篮球，在教师带领下边听音乐边和教师一起做球操。

（2）幼儿自主玩球，熟悉球感，教师从旁引导，可拍球、相互传球、滚球、抛接球等。

2. 游戏过程

教师：介绍游戏玩法，将小朋友带入情景，分成2~3组，运球绕标志杆（尽量不掉球），运到指定位置后，抱球快速跑回，把球传给下一位幼儿进行绕标志杆运球，后面同学依此类推，哪组最后一位小朋友运球完成后抱球跑回起点的为胜。

幼儿：先尝试抱球不运的情况下绕标志杆跑，在熟练后进一步加大难度，互相交流运球绕过障碍的好方法，并请个别幼儿示范。再次进行游戏2~3次（后期可以将场地布置负责，增加障碍物或加大运球难度。例如，双手交替运球，护球手拿着东西运球等）。

3. 放松身体练习（略）

4. 活动小结（略）

【活动建议】

（1）活动中标志杆的摆放可根据场地、器械等实际情况加以变化与调整。

（2）可视幼儿的篮球活动能力组织、开展运球上篮、家园亲子运球比赛等。

案例三

××杯投篮（篮球）比赛（大班）

【活动目标】

（1）乐于参与篮球赛（投篮比赛），体验获得比赛成功喜悦。

（2）初步尝试简单投篮。

（3）能具有一定的规则意识和团队意识。

快乐篮球

【活动准备】

（1）大班孩子已经基本掌握原地投篮动作，且可自行拍球运球。

（2）物质材料准备：篮球、标志盘、呼啦圈若干，篮球框两个，大鼓一面，小旗子，奖牌，视频、音乐（具体情况根据幼儿园客观条件决定）。

【活动过程】

（1）情境导入——热身环节。

主裁判：介绍比赛规则（比赛分为三个环节）。

①选队热身阶段。可以班级为单位进行比赛，也可现场选2~3名小朋友到罚篮线前进行投篮选员。

②比赛。比赛规则每队由3~4人组成，站在呼啦圈圈起来的固定位置，可选择超远距离的2分位置，但距离更远。每人依次进行定点投篮，有5次投篮次数，最后取全队每人进球的总得分。在一方比赛时，另一方在指定区域等待。投篮时有时间限制，在规定时间内进行投篮，投进一个球视为得1分，规定线外超远距离视为2分，比赛结束时得分最高的队则获胜。如果比赛得分一致，将以点球的形式加时比赛。

③颁奖。颁奖环节可自己设定。

（2）进阶版比赛。

前提条件：幼儿运球水平普遍不错的情况下进行。

①选队热身阶段。可以班级为单位进行比赛，也可现场选2~3名小朋友到罚篮线前进行投篮选员。

②比赛。比赛规则每队由3~4人组成，与之前初级版不同，球员在比赛时无固定位置，可自行运球上篮、投篮或传球。两个球队同时在场时，每队每球次进行攻防转换，防守方可以干扰进攻方投篮，但不允许有任何身体接触。每队可进行配合传球吸引防守得分。比赛时间有限，在规定时间内进行进攻，超时则攻防转换，投进一个球视为得1分，规定线外超远距离视为2分，比赛结束时哪方得分最高则获胜。如比赛得分一致，将以点球的形式加时比赛。

③颁奖。颁奖环节可自己设定。

【活动建议】

（1）裁判可兼技术台，拿麦克风喊麦，提高比赛现场气氛。例如"欢迎大家来到"××篮球比赛现场，现在我们将从队员中挑选优秀队员加入我队等。

（2）比赛一定要有清晰流程，做好运动安全事宜，防止孩子们在跑跳时摔倒。

思考题

1. 简述双手胸前传球的动作要领。

2. 简述低运球的动作要领。

3. 尝试设计大班幼儿篮球操动作组合。

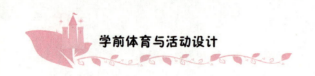

项目二　排球

一、排球运动的基本内涵

1. 排球的概念

排球是传统球类运动之一。球场是长方形的，中间有一个高网（图4-17）。每方（每方六人）占据球场的一侧。球员们用手从网中击球。排球中使用的球由羊皮或人造皮壳和橡胶球胆制成，其大小与足球相似。基本技术分为六个主要项目：准备姿势和动作、传球、垫球、发球、扣球和拦网。排球比赛中常见的移动步法包括滑动、交叉、跳跃、跨步和跑步。

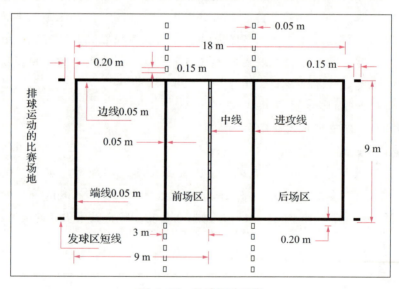

图 4-17　排球场地示意

2. 排球的起源与发展

排球起源于美国。1895年，一位名叫威廉·摩根（William G. Morgan）的美国体育工作者，想把当时很流行的网球搬进房间，用手在篮球场上打网球。1896年，居住在斯普林菲尔德的霍尔斯特德教授提议将其命名为排球，而这个名字至今仍在使用。排球运动自1895年创始以来，迄今已有一百年的历史。排球从开始仅仅是少数人的一种游戏、娱乐的手段，发展到今天已成为遍及世界五大洲，为广大群众所喜闻乐见的体育运动项目之一。

1905年，排球传入中国。排球在中国最早被翻译为"团队球"，后来改名为排球。排球在中国有着广泛的群众基础，在世界比赛中取得了令人印象深刻的成绩。中国国家女子排球队在1981年和1985年世界杯、1982年和1986年世界锦标赛以及1984年洛杉矶奥运会上获得冠军，成为世界上第一个"五连冠"球队，并在2003年世界杯、2004年奥运会、2015年世界杯和2016年奥运会、2019年世界杯上五度夺冠，已经十次成为世界冠军（包括世界杯、世锦赛和奥运会）。

另外，2023年，该球队又在杭州第19届亚运会女排决赛中获得冠军。

3. 排球运动的价值

（1）全面提高身体素质是青少年最重要的目标之一。排球是一项对参与者综合能力要求很高的项目。特别是在身体素质方面，对跳跃、力量、速度、灵敏度和耐力都有很高的要求。排球运动一方面可以改善学生中枢神经系统和内脏器官的功能；另一方面可以通过跑步、跳跃、倒地、击球等一系列复杂动作，全面提高身体素质和运动能力。

（2）提高学生对体育运动参与度，养成健康的生活方式，是提高学生身体素质、形成运动技能、养成乐观的生活态度的重要途径。在趣味排球比赛中，可以培养学生参与体育活动的兴趣和爱好，形成坚持体育锻炼的习惯和终身体育的意识。

（3）排球的集体性在培养学生的社会适应能力方面发挥着独特的作用。在排球比赛中，队员们需要相互沟通，相互帮助，共同努力，充分发挥集体智慧和力量赢得比赛。它可以提高年轻人的团队精神，增强他们的竞争意识和沟通能力。有了这些能力，青少年将在竞争激烈的社会中处于领先地位。

（4）排球是一项集体运动。在排球运动中，学生能正确认识胜利和失败，培养胜不骄、败不馁的品质。排球运动还可以提高学生的自信心，锻炼他们的意志力和调节情绪的能力，促进身心健康的协调发展。

二、排球运动的体育文化与精神表现

党的二十大报告中提到"促进群众体育和竞技体育全面发展，加快建设体育强国"。要继续发扬女排精神，要永葆对党的忠诚之心、对人民的赤子之心、对事业的敬畏之心，以忠诚之心跟党走，以赤子之心为人民，以奉献之心报祖国。

坚守初心，勇担使命，踔厉奋发，团结奋斗，将伟大的建党精神融入血脉，大力弘扬新时代女排精神，矢志不渝，笃行不息，做好排球运动的教学工作，在教育教学中践行党的二十大精神，发挥先锋模范作用，为国家后备力量保驾护航，奋力开创体育强国建设新

局面，谱写全面建设社会主义现代化国家新篇章！

排球作为三大球类运动之一，因其规则、氛围和精神而成为一种独特的精神文化。它是人类在体育实践中创造的具有丰富文化和精神特征的物质财富和精神财富。排球文化不仅是体育文化的有机组成部分，还包括排球精神文化、排球物质文化、排球制度文化等方面，使排球文化建设成为一个有机体系，促进排球运动的不断发展。

三、排球的分类与作用

1. 排球的分类

排球是传统球类运动之一。排球中使用的球由羊皮或人造皮壳和橡胶球胆制成，其大小与足球相似。普通排球可分为硬排球和气排球。

2. 排球运动的作用

1）健体强身，促进代谢

打排球可以锻炼学生的肌肉力量，增强他们的心肺功能，改善他们的体型和姿势，促进他们的身体成长，提高他们的跳跃能力。打排球还能增强学生的团队合作能力，培养积极的人生观。此外，排球客观上要求参赛者在力量、速度、灵活性、耐力和灵敏度方面具有较高的能力，因此，排球的参与者在身体活动能力、身体素质和运动能力方面会有更大的提高。同时，参加排球也有助于学生控制体重和改变体型。

2）能有效促进人的身体生长

排球可以有效促进身体的生长，修复脊椎。学生如果经常做这些动作可以修复脊柱，促进身体生长，改善心肺功能。

3）提高团队合作能力

排球是一项团体运动。在排球运动过程中，可以增强团队合作能力，培养积极的人生观。

知识链接

中国女排精神

中国"女排精神"是中国女排的历史遗产，是20世纪80年代中国女排夺得五连冠之后的经验总结。

女排精神的基本内涵可概括为：无私奉献精神；团结协作精神；艰苦创业精神；自强不息精神。女排精神很好地诠释了"为国争光、无私奉献、科学求实、遵纪守法、团结友好、坚强拼搏"的中华体育精神。

四、排球基本动作

排球技术动作是排球运动的基础，是排球教学的重点。

（一）准备姿势（图 4-18）

一般来讲，准备姿势分为稍蹲准备姿势、半蹲准备姿势、全蹲准备姿势三种。技术特点：屈膝提踵、含胸收腹、微动。

1. 稍蹲准备姿势　　　2. 半蹲准备姿势　　　3. 全蹲准备姿势

图 4-18　排球准备姿势

（二）发球

正面上手发球（以右手为例）（图 4-19）：面对网，两腿自然张开，左脚在前，左手在身体前方持球。左手用手掌将球平稳准确地抛向身体前方和右肩上方，高度约为 50 厘米。同时，抬起右臂，弯曲肘部并向后拉，肘部略高于肩部，上身略向后。五指并拢，指尖向上，手腕向后保持一定的张力，眼睛盯着球。击球时，右脚重心应向前移动，手臂的摆动应通过腹部收缩和弯曲快速驱动。手臂呈直线摆动，用手掌的硬部分在右肩的前部和上部击球，然后从手的下部发球。

图 4-19　正面上手发球动作分解

正面下手发球（图 4-20）。面对网，左脚在前，膝盖微微弯曲，左手在胸前持球，右手自然下垂，眼睛向前看。左手放在身体右侧，大约 20 厘米高。投球时，身体重心向后移动，右手向后摆动。击球时，右脚蹬地，身体重心前移，右臂伸直，以肩膀为轴向前摆动至腹部前方，掌心根部击打球的下背部。击球后，身体重心向前移动，快速进入球场。

图 4-20　正面下手发球动作分解

（三）传球

正面双手传球（图 4-21）。这是最基本的传球方法。它具有大面积的控制，手部和身体运动的容易协调，传球的准确性和稳定性高。它是掌握和使用其他各种传递方法的基础。前传通常采用稍微深蹲的准备姿势，双脚左右张开，大约与肩同宽，双膝微微弯曲，上身自然伸直，双手自然抬起，放松，放在面部前方，准备传球。当球落在前额附近时，推动地面并伸展膝盖，然后用双手向前上方击球。当来球在前额前方 1 米左右时，开始向上伸展手臂和膝盖，用双手击打来球。击球点大约在前额上方一个球的位置。传球的用力动作主要是利用手指和手腕的弹性，伸展手臂陪伴，伸展膝盖将球推出。用力的顺序是：推地、伸展膝盖、伸展腰部、伸展肘部、伸展手臂、弯曲并伸展手指和手腕。

击球位置（额前上方一个球的位置）

图 4-21　正面双手传球手形动作示意

（四）垫球（图 4-22）

正面双手垫球（图 4-23）：脚略宽于肩膀，垫臂与地面形成一定角度。看球，将双臂向前夹紧，将其插入球下，并用前臂腕关节上方约 10 厘米处双臂半径内侧形成的平面击打球的下部。向前和向上推动手臂，以迎接传入的球，从而可以用连贯的方式完成插入、夹持、抬起和踏板，并灵活控制传球的方向和力度。

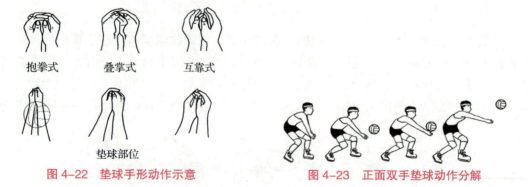

抱拳式　　叠掌式　　互靠式

垫球部位

图 4-22　垫球手形动作示意　　　　　图 4-23　正面双手垫球动作分解

五、学前儿童排球教学设计

排球是学前儿童健康发展的重要组成部分，对增强学前儿童体质、锻炼灵活性和协调性具有重要意义。教师应该培养学前儿童坚持、勇敢、不怕困难的意志力。

排球运动能有效促进儿童体型和身体素质的发展，特别是提高动作的敏感性、协调性和肢体肌肉力量，从而改善学前儿童上肢肌肉力量的弱点，使学前儿童的身体素质更加均衡。排球活动的各种方法和内容深受学前儿童的喜爱。他们对排球活动的极大兴趣有利于学前儿童健康心理的形成和发展。

（一）幼儿排球设计目标

排球作为一项传统的竞技运动，不仅可以发展智慧、陶冶情操，还可以全面促进个人身体素质的发展，有效提高个人的观察、反应、合作等综合能力。根据学前儿童身心发育特点，在进行学前儿童排球活动组织设计工作时，教师可以以游戏的形式教授学前儿童排球活动的基本动作。同时，排球可以在帮助他们掌握各种基本动作的同时也增强他们的体质，促进学前儿童良好的人格和社会发展。

1. 兴趣目标

1）兴趣动力

兴趣是学前儿童参与排球活动的内在动力。有了这个动机，他们愿意参加排球活动。他们喜欢这种活动，并在老师的指导下从被动的机械运动转向主动和主动的活动。排球活动和游戏的结合非常符合3~6岁儿童的身体和心理特点，有利于排球在幼儿园的广泛传播。

2）趣味竞赛

要求教师教他们多种玩法，开展各种有趣的合作和比赛活动，鼓励幼儿积极参与排球活动。在活动过程中，幼儿的身体得到了锻炼，体质得到了增强，身心得到了快乐，也促进了幼儿健康、快乐的成长。

2. 良好习惯目标

教师要有计划地开展排球活动，系统地组织幼儿进行各种基本动作练习，促进孩子长期接触排球活动，让参与排球活动成为生活中的良好行为。这种行为不仅对现在有益，也有利于长期发展，为小学、中学甚至成人的体育锻炼奠定了基础。

3. 均衡发展目标

学前儿童的运动包括步行、跑步、跳跃、钻孔、攀爬、平衡、投掷等方面。每方面对儿童的身体发育都有不同的促进作用，因此，应全面考虑。在日常排球活动中，我们通过不同的游戏方式进行全方位的基础动作练习和体育锻炼，促进儿童身体的全面、平衡、协调发展。

（二）学前儿童排球开展计划

1. 制订好排球课程计划，创设良好的运动环境

教师应通过实践、探索、反思和实践教学，以及每节排球课后的反思和案例分析，开发一套适合大、中、小班的排球课程。学习内容应符合幼儿年龄特点。在教学中，排球活动应以童谣、游戏、趣味比赛等多种形式进行，让幼儿练习基本动作，掌握动作要领，规

范动作。这样就可以让他们在未来的节日表演、亲子游戏等活动中展现排球的魅力。

2. 依据幼儿的动作发展规律，指导过程从易到难

掌握和熟悉某个动作一定是一个循序渐进的过程，幼儿之间存在明显的个体差异。因此，教师要充分观察幼儿的行为，把握幼儿的内心思想，有针对性地进行个性化辅导。同时，不同层次、不同需求的幼儿应该有自己的选择，这样才能达到活动的最佳效果。

3. 在排球课上提问，发挥幼儿的主动性，拓展幼儿思维，创新玩法

基本动作练习完成后，教师让他们在活动中思考怎么玩？积极探索其他方法？让幼儿主动思考、大胆创新、大胆实践。这不仅会激发幼儿参与活动的兴趣和热情，也有助于提高和拓展他们的活动能力。

4. 给幼儿更多的"自由"

在排球教学活动结束时，还可以给孩子们一些时间和空间进行自由活动，让孩子们可以根据自己的爱好自主选择和搭档，并在快乐有趣的环境中与他人交流和分享自己的发现。

（三）学前儿童排球实施过程

1. 成立课程教研组

成立幼儿园内特色课程教研组，由教研园长对特色课程研讨开发进行全面负责。写好活动方案后，教师应根据方案制订具体的实施计划。

2. 排球动作教学儿童化、游戏化

根据学前儿童的身心发育特点，为了提高他们对排球的兴趣，可以将排球基本动作进行简化教学，以满足学前儿童的身体发育特点，引导他们以简单的方式掌握技能。

3. 制订教学计划

制订一套符合学前儿童身心特点的教学计划，在实践中加以完善，形成一套完整、连贯、有趣的计划。

4. 开展会操表演活动

开展亲子游戏、运动会、排球练习、排球表演等活动，提高排球课程的完整性。让他们体验排球的乐趣，培养他们的基本素质。

六、学前儿童排球活动案例

 **案例一**

幼儿排球操（中班）

【活动目标】

（1）锻炼幼儿跑步能力和身体协调能力，激发幼儿对体育游戏的热爱。

（2）通过排球小游戏的渗透与训练，培养幼儿对排球的热爱，提高对排球学习的兴趣。

【活动准备】音响设备、排球若干。

【活动过程】

一、准备部分

（1）师生互相问好，声音洪亮，朝气、活泼。

（2）热身活动。

①直线跑、变向跑、加速跑，让幼儿身体逐渐热起来，注意节奏和速度。

②幼儿韵律操练习，调动幼儿的活动积极性。

二、教学部分

（1）复习前面所学的韵律操动作，在此基础上加上小球进行动作练习，在教师的带领下逐一完成。

（2）播放排球操音乐，激发幼儿的活动热情，教师把几个已学排球动作在音乐节律下带领幼儿完成学习。

三、结束部分

（1）放松性练习。

（2）总结反思。

四、拓展部分

（1）回家把所学排球操动作展示给家长。

（2）请家长讲讲中国女排比赛的故事，发扬女排精神，待幼儿回幼儿园后与其他小朋友分享。

案例二

好玩排球赛（大班）

【活动目标】

（1）练习排球抛接动作、锻炼幼儿身体灵活性，提高上肢力量和控制能力。

（2）培养幼儿的探究、合作能力。

【活动过程】

1. 准备部分

幼儿在教师的带领下，围成一个大圆，在圆上进行走、快走、慢跑、快跑、小跳等练习；幼儿拿着球在音乐伴奏下做"球操"；两人一组做互相抛接球练习。

2. 教学过程

教师：介绍游戏规则，幼儿分成偶数人数的若干组。每两组为一竞赛队，使用一分球。在场地中间拉一根绳子，两组幼儿面对面站在绳子的两侧。其中一组的一名幼儿将球抛过绳子；另一组幼儿可将球接住，并迅速抛给对方。球没接住，对方得一分。游戏重新开始。

幼儿：在教师的指导下进行排球抛接球比赛。

【活动建议】

（1）活动前，教师要先了解幼儿抛接球的掌握情况再进行小组比赛。

（2）分组时，各组幼儿的运动能力要相当。

【领域渗透】

教师可带领幼儿观看排球比赛，了解排球运动的基本规则及我国排球运动的辉煌成就，激发幼儿对排球运动热爱及为我国争光的自豪感。

案例三

神奇的排球（中班）

【活动目标】

（1）让孩子体验玩球的乐趣。

（2）让孩子尝试对球的各种玩法。

（3）想象创新玩法和锻炼孩子的协调能力和身体素质。

（4）培养幼儿思考问题、解决问题的能力及快速应答能力。

【活动准备】

大箩筐一个、气排球多个、矿泉水瓶多个、小绳若干条。

【活动过程】

（1）井然有序地带幼儿到场地。

（2）用小绳拴住矿泉水瓶吊离地面，借鉴保龄球玩法。

（3）出示道具，讨论玩法：

①小朋友请你们想一想，大家玩过什么球呀？（教案出自屈老师教案网）看，今天老师给大家带来了什么？（出示球，并示范玩法）

②一起讨论怎样玩？（先投箩筐，再看谁的球能碰到瓶子，背靠背运球）

③自由玩法：鼓励三个或五个小孩在一起玩。（教师参与孩子的活动，发现创新玩法要及时给予表扬）

④教师提出要求：玩的时候要注意安全，活动结束后，要负责把球摆放整齐。

（4）让孩子把自己的创新玩法与大家一起分享

（5）编一个球操，结束活动。

【教学建议】

（1）本次教学活动要抓住幼儿自主能动的特点，激发他们对球类的兴趣，从而培养他们对球类等一系列体育运动的爱好。

（2）可以根据幼儿的年龄特点和运动能力对游戏难度进行适度增减。

思考题

1. 简述正面下手发球的动作要领。
2. 简述正面双手垫球的动作要领。
3. 简述正面双手传球的动作要领。
4. 接低于胸前的球时应采用什么方式接球，为什么？

项目三　足　球

学习目标

知识目标：了解足球的基本内涵、基本动作技能规范、竞赛规则。
能力目标：掌握足球基本动作技能、掌握幼儿足球动作的组织与设计。
素质目标：弘扬足球运动体育文化，培养青年大学生团结拼搏精神。

一、足球运动的基本内涵

1. 足球的概念

足球运动，两队按照一定规则在同一个矩形场地上互相攻击和防守。由于其强大的对抗性、多变的战术和大量的参与者，足球被称为"世界第一运动"。

现代足球的前身起源于中国古代山东省临淄（今淄博市）的球类运动"蹴鞠"。后来，它被阿拉伯人从中国传到欧洲，并逐渐演变成现代足球。现代足球起源于英国。1848年，足球史上第一条成文规则《剑桥规则》诞生。1863年10月26日，英格兰成立了世界上第一个足球协会，并统一了足球比赛规则。1872年，英格兰和苏格兰举行了足球史上第一场正式的协会间比赛。1900年，在第二届夏季奥林匹克运动会上，足球被列入正式项目。足球在世界上被广泛翻译为"football"，只有在美国等少数国家被翻译为"soccer"，而"football"在美国和加拿大被称为"美式足球"。

足球的最高组织机构为国际足球联合会，成立于1904年，总部设于瑞士苏黎世。中国最高足球组织机构是中国足球协会，1955年1月3日成立于北京。

2. 足球的起源与发展

足球项目的起源可以追溯到中国古代的球类运动蹴鞠。蹴鞠原名"瑞菊"。蹴鞠一词最早出现在《史记·扁鹊仓公列传》中，那时蹴鞠被誉为中国古代的足球。在西汉时期，作家刘湘、刘歆及其儿子曾在其个人作品《别录》和《齐鲁》中写道："蹴鞠据说是黄帝所作。"到了唐宋时期，蹴鞠活动已经非常流行，成为宫廷中的一种高雅活动。这种球类运动

后来通过阿拉伯人从中国传入欧洲。1985年，国际足联第七任主席若昂·阿维兰热在中国发表演讲时表示："足球起源于这里，有2000多年的历史，这是无可争议的。"在亚足联举办的教练培训班上，他在《国际足球发展史报告》中再次强调"足球起源于中国"。2005年，在国际足联成立百年庆典的闭幕式上，中国山东省临淄被正式宣布为世界足球的发源地。

1863年10月26日，几名足球迷聚集在英国伦敦皇后街的弗雷梅森酒店，讨论并成立英格兰足球协会，这是世界足球史上成立的第一个足球协会。它的成立标志着现代足球的诞生。此后，人们将1863年10月26日称为"现代足球日"。此外，该协会还起草了相对统一的足球竞赛规则，这是现代足球竞赛规则的雏形。由于当时足球队形的特点，比赛规则允许球进入门柱之间或越过上方的空间，无论高度如何，只要不是用手投掷、击中或运入，都算作进球得分。英格兰足球协会的成立影响了足球在欧洲和拉丁美洲一些国家足球运动的发展，各国相继成立了足球协会。

3. 足球运动的价值

（1）健身价值：促进身体健康、心理健康和社会适应能力。

（2）政治价值：宣传教育的重要手段，提高民族自信心，激发民族精神，开展外交，增进友谊，有利于消除和压制种族歧视。

（3）经济价值：巨大的足球市场创造了巨大的财富和广泛的影响力，使其具有巨大的商业价值，并带动其他相关行业的发展。

（4）文化价值：足球最早追溯到我国的蹴鞠运动，具有丰富的文化价值，它不仅是一种体育活动，更是一种文化现象。它承载着各个国家和地区的文化特色和历史传统，成为文化交流的重要桥梁。通过足球运动，可以让我们传承和发扬中国的优秀传统文化，随着时代的进步，还可以了解到不同国家的文化风貌，增进相互之间的友谊交流。

二、足球运动的体育文化与精神表现

党的二十大擘画了全面建设社会主义现代化国家、全面推进中华民族伟大复兴的宏伟蓝图，是我们今后一个时期做好足球工作的思想指南和行动纲领。

体育承载着国家强盛、民族振兴的梦想。党的二十大报告明确提出了加快建设体育强国的任务要求，足球振兴既是体育强国建设的重要标志，也是推动体育强国建设过程中的问题短板和薄弱环节。全面、系统、深入学习，完整、准确、全面领会党的二十大精神，以"使命在肩、奋斗有我"的责任感和时不我待的紧迫感，发扬中华体育精神和自我革命精神，通过思想先行、管理跟上、保障到位等一系列有效措施，真正实现"能征善战、作风优良"的建队目标。我们要坚决贯彻落实《中国足球改革发展总体方案》，切实发挥行业龙头作用，凝聚共识、团结奋斗、久久为功，奋力开创中国足球健康发展新道路，为建设体育强国贡献足球人的力量。

1. 足球运动的体育文化

1）精神文化

校园足球的精神文化体现在其自身价值的提升上。精神文化是校园足球文化的建设方向，承载着学生和教师对校园足球的需求，使其达到理想状态。校园足球的健康发展是社会和学校的期望目标。校园足球的品牌价值蕴含着精神文化的内涵。足球作为一项运动，在学校和社会中进行，在各方参与的客观环境的影响下，形成了城市文明和进步的方向。积极的足球文化代表着社会和学校的精神成长，在足球事业极其丰富的文化内涵下承担着重要的责任。

2）物质文化

校园足球的物质文化分为足球场和教室。场地设施是足球项目发展的基本条件，也是足球教育活动的场所。加强教师队伍建设是校园足球发展的必要条件。为此，每个学校至少应配备一名专业足球教师。

3）行为文化

行为文化是校园足球文化建设的核心，与学生有着直接的关系。校园足球的行为文化包括价值取向、行为风格和行为环境。价值取向包括价值目标和学生对足球的认知和理解；行为方式是各种足球活动；行为环境是学校开展足球活动的氛围和条件。

4）制度文化

制度文化是校园足球的规则和运作模式。规则的主导文件是国家体育总局、教育部等相关部门发布的一系列文件。总体方案体现在党和国家领导人对足球建设的理解上。规章制度主要是指足球管理的规则、实施方案和管理要求。

2. 足球运动的精神表现

1）团结协作的体育精神

足球运动在比赛中也体现了一种竞争精神，因为每个人都想在参加比赛时获得胜利，但我们必须依靠球员之间的密切配合和协作才能获得如此美好的成果。

2）自由的体育精神

足球比赛是一种不隔着网的对抗性的团队运动，应当是尽可能自由流动，更高境界是行云流水。

三、足球的运动形式与作用

1. 足球的运动形式

足球是一项十分令人着迷的体育运动，被誉为"世界第一运动"，是全球体育界最具影响力的单项体育运动。其分类有：

1）五人制足球

在五人制足球比赛中，每队只有五名球员，而不是通常的 11 名球员。5 人制足球与普通足球的其他区别包括在小场地比赛，使用更小的球门和更小的足球尺寸，以及缩短比赛时间。比赛通常在室内举行。

2）美式橄榄球

美式橄榄球起源于英国足球，其规则在引入美国后发生了变化，改为采取进攻和防守线轮流争球，不受跑动限制，可以向前抛球。这个动作的目的是将球推到对手的末端区域

得分。得分的方法有很多。

3）英式足球

英式足球两队将派出10名球员和1名守门员，共11人，在矩形场地上进行比赛。每进一球得一分，比赛结束后，得分最高的球队将获胜。如果在规定的比赛时间内得分相同，则取决于比赛规则。

2. 足球运动的作用

1）有利于培养良好的个性品质

足球比赛中的激烈竞争、攻防转换频繁、形势复杂多变，对运动员的注意力、想象力、创造力、思维能力、时空感等心理素质的形成起到了良好的推动作用。长期参与足球运动还可以培养勇气、坚韧和努力的意志品质，以及团结合作、遵守纪律、公平竞争和积极进步的道德品质。

2）有利于增强体质

经常参加足球比赛可以全面提高人体的速度、力量、耐力、灵敏度、柔韧性等身体素质，改善人体神经系统、心血管系统、呼吸系统等内脏器官系统以及肌肉、骨骼等运动系统的功能，从而达到增强体质、促进健康的目的。

3）有利于振奋民族精神

足球蕴含着深厚的文化和思想内涵，其影响力已远远超过其自身的竞技体育范畴，成为政治、经济、文化和生活的重要组成部分。它与一个地区或国家的形象有关。重大国际运动会的胜利就像一个盛大的节日，使举国上下欢庆，民族自豪，这不仅激发了斗志，也激发了民族精神，激发了人们的爱国热情。

4）有利于国际交往

足球是人类文明的结晶，是现代社会文化生活的重要组成部分，是促进人们互动、加深理解的纽带和桥梁。足球比赛不仅可以传播友谊、扩大交流范围，还可以弘扬和展示国家和民族精神。

知识链接

足球的起源与发展

足球运动是一项古老的体育活动，源远流长。最早起源于我国古代的一种球类游戏"蹴鞠"，后来经过阿拉伯人传到欧洲，发展成为现代足球。

我国古代足球称为"蹴鞠"或"蹋鞠"，"蹴"和"蹋"都是踢的意思，"鞠"是球名。"蹴鞠"一词最早出现在《史记·扁鹊仓公列传》，西汉史学家刘向所著《别录》和唐代颜师古所作《汉书注》中均有记载。到了唐宋时期，"蹴鞠"活动已十分盛行，成为宫廷之中的高雅活动。1958年7月，国际足联现任主席阿维兰热博士来中国时曾表示：足球起源于中国。当然，由于封建社会的局限，中国古代的蹴鞠活动最终没有发展成为以"公平竞争"为原则的现代足球运动。这个质的飞跃是在英国完成的。

四、足球基本动作

（一）传、接球

1. 短传（图 4-24）

短传分为足弓传球和脚背传球。短传是足球中最常用的技术。弓传球：支撑脚的位置应适当选择，脚趾应向前，膝关节应稍微弯曲，面向要传球的球的方向，脚的足弓表面应垂直于球的方向、脚应与地面平行，脚趾应稍微倾斜，球应该用足弓直接踢在球的后面，球踢出后球应该向前推，脚应该平行于地面摆动，不应该被踢出。

图 4-24　短传动作示意

2. 长传（图 4-25）

在脚内侧搓球进行长传：支撑脚和短传之间的距离稍远，方向也朝向传球方向，重心集中在支撑脚上，脚绷紧，与支撑脚尖端的方向成 90° 左右，脚稍微向前倾斜，这有利于更好地摩擦球。在与地面接触的地方用脚内侧摩擦球，球被踢出后会呈抛物线运行，空气球会向后旋转。

图 4-25　长传动作示意

3. 停球（图 4-26）

为了更好地完成接球动作，提前注意接球的情况。从球的运行路线、球的旋转和速度，快速判断着陆点并及时移动，使自己处于最佳位置来阻止球。选择停止位置和停止方法。停止球的不同部分和方法具有不同的功能。因此，必须根据实际情况和下一个动作的需要适当选择停球的位置和方法。

图 4-26　停球动作示意

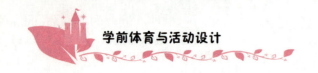
（二）颠球（图4-27）

脚向前上方摆动，用脚背击球，击球时踝关节固定，击球的下部。两脚可交替击球，也可用一只脚支撑，用另一只脚连续击球。击球时用力均匀，使球始终控制在身体周围。

图4-27　颠球动作示意

（三）踢球

踢球是指运动员用脚有目的地将球击向预定目标的技术，是足球运动中最重要的技术，主要用于传球和射门。

1. 内脚踢（也称为脚踢）

一种在脚的内侧部分（跖趾关节、舟骨、跟骨等形成的平面）踢球的方法，其特点是脚与球的接触面积大，球传递准确、平衡，且易于握持。

脚内侧踢定位球（图4-28和图4-29）：直线向前跑。支撑前的最后一步稍大。支撑脚站在距离球侧约15厘米的地方，脚趾朝向球的方向，支撑腿的膝关节稍微弯曲。当支撑脚在地面上时，踢腿的大腿带动小腿从后向前摆动。在摆动过程中，大腿向外伸展。当膝关节的摆动接近球顶时，小腿会做出爆发性的发力。在触球之前，脚跟被送出，使得脚的内部形成的平面垂直于球的方向，踢脚的底部与地面平行，脚趾稍微翘起，踝关节功能性地绷紧，使脚的形状固定。触球（击球）后，身体跟随，髋关节向前移动。

图4-28　脚内侧路踢定位球动作示意（1）

图4-29　脚内侧踢定位球动作示意（2）

2. 前脚背踢腿（又称为前脚背踢）（图4-30）

由于其解剖学特点，前脚背的踢腿摆动幅度比较大，与脚背踢的接触面（与球的接触面）比较大，所以踢力也比较大，准确性也很强。然而，受上述因素影响，球的方向和性质发生改变。在比赛中，我们经常用脚背踢定位球、地滚球、空中球、反弹球和反铲。球的性质主要是一个没有旋转的直球，也可以用来踢向前旋转的球。

图 4-30 前脚背踢腿动作示意

（1）脚背前部踢定位球：直线向上跑，最后一步稍微大一点，支撑脚主动支撑在地面上，在球侧 10~12 厘米处，脚趾朝向球的方向，膝关节轻微弯曲，踢腿随着跑步向后摆动，小腿弯曲，踢腿以髋关节为轴支撑，大腿带动腿从后面向前摆动。当膝关节靠近球的顶部时，小腿做出爆发性发力，脚趾弯曲，并用脚背前部撞击球的后部和中部。击球后，身体和踢腿随着球向前移动。

（2）踢脚背前部的反弹球：根据球的速度、跑步轨迹和落地点，将脚支撑在球落地点一侧。当球触地时，踢腿以爆发性的方式向前摆动。当球刚从地面反弹时，用脚背前部击打球的中间，并控制小腿的上摆（将髋关节和膝关节向前），这样就可以有效控球。

（3）脚背内侧踢球（又称内脚背踢球）：这是一种用第一跖骨和跖趾关节部位触击球的踢球方法。其技术结构与前两类踢球方法相同，但技术细节有所区别。

①脚背内侧踢定位球：对角跑。接近的方向与球的方向大约成 45°。最后一步稍微大一点，以支撑脚底的主动落地。脚趾指向球的方向，距离球内侧大约 20~25 厘米。膝关节轻微弯曲。在支撑的同时，已经完成了背部摆动，并开始以髋关节为轴将小腿从背部摆动到前部。当大腿摆动到与支撑腿相同的平面时，小腿会产生爆发性发生。此时，脚向外转动，脚背伸直，并用脚背内侧部分接触球。击球后，踢腿和身体继续跟随球向前。

②脚背内侧踢和反弹：根据传入球的落地点及时移动球，在球离地的瞬间踢球（反弹）。其他动作要求与踢定位球相同。这种踢法主要用于踢从侧面或正面落在空中的球。

3. 外侧脚背踢（也称为外脚背踢）（图 4-31）

外侧脚背踢法是一种将球与第三、第四和第五跖骨部分接触的方法。由于脚踝的灵活性、摆动腿方向的更多变化以及助跑时的正常跑步姿势，这种球具有很强的隐蔽性，可用于足球比赛中各种距离的弧线球和非弧线球。

脚背外侧踢球部位

脚背外侧踢定位球

图 4-31 外侧脚背踢球动作示意

（1）在脚背外侧踢定位球：助跑、支撑脚的位置和踢腿的摆动与脚背前踢技术的三个环节相同。脚用脚背的外侧部分接触球。此时，膝关节和脚趾应向内转动，脚背应绷紧，脚趾应紧密弯曲并抬起膝盖，身体应在触球（击球）后随着踢腿的摆动向前移动。

（2）踢脚背外侧的地面球：它可以用来踢前面、前面、前面和后面的地面球。踢球的动作规范与踢定位球的动作规范相同，但支撑脚站立时应考虑球的滚动速度，以确保支撑脚与球的相对位置在脚触球的瞬间满足规范要求。

（3）踢脚背外侧的反弹球：方法与踢脚背前侧的反弹球相同，但触球时用脚背外侧触球（击球）。

4. 脚趾踢（也称为脚趾戳）（图4-32）

这是一种用脚尖触球的方法。由于当脚尖踢到球时，球踢得很快，在场地因下雨而泥泞时经常使用。这种方法可以使用踢腿的最大长度来踢那些远离身体且无法用正常步法踢出的球。具体方法是用支撑腿跳起来，弯曲踢腿的膝盖并大步向前，臀部尽可能向前，双臂向上帮助身体向前，小腿向前伸展，在踢腿落地前用脚趾戳球的背部和中间。

图4-32　脚趾踢球动作示意

五、学前儿童足球教学设计

足球是一项全面的有氧运动，对健康有益。学前儿童踢足球的好处主要包括增强体质、帮助发展下肢、改善食欲、发展智力和调节心情。

（一）学前儿童足球设计目标

1. 兴趣目标

兴趣是学前儿童们参与足球活动的内在动力。有了这个动机，他们愿意参加足球活动。他们喜欢这种活动，并在老师的指导下从被动的机械运动转向主动的活动。足球活动和游戏的结合非常符合3~6岁儿童的身体和心理特点，有利于足球在幼儿园的广泛普及。

2. 良好习惯目标

教师要有计划地开展足球活动，系统地组织学前儿童进行各种基本动作练习，促进学前儿童长期接触足球活动，让参与足球活动成为生活中的良好行为。这种行为不仅对现在的幼儿有益，也有利于长期发展，为将来小学、中学甚至成人的体育锻炼奠定了基础。

3. 均衡发展目标

学前儿童的运动包括步行、跑步、跳跃、钻孔、攀爬、平衡、投掷等方面。每个方面对学前儿童的身体发育都有不同的促进作用，因此应充分考虑每个方面。在日常足球活动中，我们通过不同的游戏方式进行全方位的基础动作练习和体育锻炼，以促进学前儿童身体的全面、平衡和协调发展。

（二）学前儿童足球开展计划

1.制订好足球课程计划，创设良好的运动环境

教师应通过实践、探索、反思和实践教学，以及每节足球课结束后的反思和案例分析，制订一套适合大、中、小班的足球课程。学习内容应符合学前儿童的年龄特点。在教学中，开展儿歌、游戏、趣味游戏等形式的足球活动，练习基本动作，掌握动作要领，规范动作。在未来的节日演出、亲子游戏等活动中展现足球的魅力。

2.依据学前儿童的动作发展规律，指导过程从易到难

掌握和熟悉某个动作一定是一个循序渐进的过程，且存在明显的个体差异。充分观察幼儿的行为，把握幼儿的内心思想，有针对性地进行个性化辅导。与此同时，处于不同层次和有不同需求的幼儿应该有自己的选择，这样才能达到活动的最佳效果。

3.在足球课上提问，发挥学前儿童的主动性，拓展幼儿思维，创新玩法

基本动作练习完成后，教师让幼儿在活动中思考怎么玩？积极探索其他方法？让他们积极思考，勇于创新，大胆实践。这不仅会激发他们参与活动的兴趣和热情，也有助于提高和拓展他们的活动能力。

4.给学前儿童更多的"自由"

在足球教学活动结束时，还可以给他们一些时间和空间进行自由活动，这样他们就可以根据自己的爱好自主选择和搭档，并在快乐有趣的环境中与他人交流和分享自己的发现。

（三）学前儿童足球实施过程

1.成立课程教研组

成立园区特色课程教研组，教研组组长全面负责特色课程的研讨和开发。组长负责撰写活动计划，教师再根据计划制订具体的实施计划。

2.将课程转换为游戏活动与素质练习

由于学前儿童年龄较小，他们的接受能力和挫折能力较差。足球是一项全身运动，一些接受能力差的幼儿很容易疲劳，选择少参加或不参加。还有一些儿童挫折感很差，他们在活动或比赛中容易受挫。所以在足球练习的过程中，我们需要一些有吸引力的东西来达到更好的效果。为了提高他们对足球的兴趣，教师应该从两个方面入手：一是设计学前儿童最喜欢的游戏活动；二是素质训练。在足球练习过程中，教师需要设计一些有趣的游戏。同时，也可以适当地增加一些有力量的运动，以增加学前儿童的力量，提高他们的运动技能。

（四）学前儿童足球活动设计

1.制订教学计划

制订一套符合学前儿童身心特点的教学计划，在实践中加以完善，形成一套完整、连贯、有趣的计划。

2.开展足球日活动

开展有趣实用的足球日活动，提高他们的兴趣，让每个学前儿童都能积极参与活动。

3. 开展联合演习表演活动

开展亲子游戏、运动会、足球练习、足球表演等活动有助于提高足球课程的完整性，可以让学前儿童体验运动的乐趣和足球的乐趣；同时，也能提高他们的基本素质。

4. 注重动作的难度

小班儿童主要培养他们对小型足球活动的兴趣，学习小型足球的简单知识和基本动作；中班儿童培养他们对足球的兴趣，丰富他们在足球中的运动技能；大班将进一步丰富与足球运动相关的技能，帮助他们建立正确的竞争意识。围绕这些目标，开展各种形式的足球比赛活动，提高对足球的兴趣。足球课的准备主要是足球场和确保每个人都有球。障碍踢可以由他们自己完成。

5. 合理设计活动内容

足球教学活动内容的安排要体现细致，明确学习的重点和难点。引导他们以简单的方式掌握技能。小班学习各种滚球，定点踢足球，简单了解足球；中班学习用左右脚交替引导球；大班学习如何控制球的模式，在途中传球、接球、射门和踢足球。

六、学前儿童足球活动案例

案例一

幼儿足球操（中班）

【活动目标】

（1）锻炼幼儿的跑步能力和身体协调能力，激发幼儿对体育游戏的热爱。

（2）通过足球小游戏的渗透与训练，培养幼儿对足球的热爱，提高他们对足球学习的兴趣。

【活动准备】

音响设备、足球若干。

【活动过程】

一、准备部分

（1）师生互相问好，声音洪亮、有朝气、活泼。

（2）热身活动。

①直线跑、变向跑、加速跑，让幼儿身体逐渐热起来，注意节奏和速度。

②关节活动：教师带领幼儿通过模仿小动物的动作来完成，调动幼儿的活动积极性。

二、教学部分

播放足球操音乐可以激发学生的活动热情，教师把几个已学足球动作在音乐节律下带领幼儿完成学习。

三、结束部分

（1）放松性练习。

（2）总结反思。

【活动建议】

（1）幼儿回家把所学足球操动作展示给家长。

（2）请家长给幼儿讲一个有关足球人物的故事，待幼儿回幼儿园后与其他小朋友分享。

案例二

赶着球儿跑（大班）

追着球儿跑

【活动目标】

（1）练习左右脚交替运球，锻炼协调能力。

（2）学习与同伴合作踢球，感受与同伴合作游戏的快乐。

【活动准备】

球门两个，小足球人手一个。

【活动过程】

一、热身运动

（1）幼儿每人抱一个小足球当方向盘玩开汽车游戏，绕场地慢跑一圈。

（2）幼儿把球夹于两腿之间，做修车、洗车、停车等动作，舒展身体关节。

二、赶着球跑

（1）教师示范用左右脚交替向前运球，注意脚部用力要适中，控制好球的方向。

（2）幼儿分散边念儿歌"小足球，真听话，轻轻踢，朝前跑，左一下，右一下……"即边练习左右脚交替向前运球。

三、游戏：运球回家

（1）幼儿分成人数相等的两队，站在草地一端，在另一端放置两个球门。

（2）玩法：当哨声响起后，每队第一位幼儿双脚交替向球门方向运球，直到把球运入球门，然后往回跑，拍第二名幼儿的手。第二名幼儿继续双脚交替向前运球，依次接力，先运完的队为胜。游戏反复进行2~3次。

四、亲亲小足球

幼儿每人抱一个小足球，用球轻拍同伴的肩、背、手、脚等部位，达到放松的目的。

【活动建议】

孩子们用儿歌配合运球练习，不仅容易记住运球要点，也为运球活动增添了趣味。而"运球回家"则让孩子们在合作竞赛与游戏情景中体验了踢球的乐趣。而最后的"亲亲小足球"的放松动作，更使孩子们觉得小足球是他们的朋友。

案例三

足球小子

帮黑猫警长打坏蛋（大班）

【活动目标】

（1）练习定位射门，提高动作的准确性。

（2）在游戏情境中感受小足球活动的趣味性。

【活动准备】

（1）自制球门（由小椅子两两拼成，中间用纸接连，并贴有坏老鼠头像图片）若干，分散放在草地四周。

（2）小足球人手一只。

（3）黑猫警长动画片主题曲，录音机。

【活动过程】

一、热身运动

（1）现在你们是黑猫警长的小助手，我是黑猫警长。为了击败坏蛋，我们必须有一个强壮的身体。让我们一起来锻炼身体吧。

（2）幼儿做头、颈、腰、腿等部位的舒展动作。

（3）幼儿围成圆形，绕场一圈做蛙跳动作。

二、打坏蛋

（1）我得到一个消息，草地上来了一群恶毒的老鼠。我们马上去消灭他们。

（2）教师示范"瞄准老鼠"（即定位射门）：把足球运到"老鼠"前面的红点上停住，然后对准"老鼠"，将足球踢入球门。

（3）黑猫警长音乐响起，教师重点指导孩子们对准方向，用力将球踢向"老鼠"，直到把"老鼠"头像踢破。

三、庆祝胜利

（1）"黑猫警长小助手"抱起小足球，在音乐中欢呼胜利，相互拥抱。

（2）"黑猫警长"随音乐做放松活动。

（评：教师巧妙地将定位射门设计成有趣的"黑猫警长抓坏蛋"游戏，并将足球活动的规则和技能练习蕴涵其中，调动了幼儿参与活动的积极性。他们一次又一次地对准"老鼠"射击，不仅锻炼了身体，练习了技能，还体验到了运动的乐趣。）

【活动建议】

（1）射门的距离要根据幼儿的运动情况适时调整。

（2）做好幼儿的安全监督。

思考题

1. 简述短传球的动作要领。

2. 简述脚内侧踢定位球的动作要领。

模块五
游戏与竞赛

📚 **学习目标**

知识目标: 了解游戏、体育游戏的定义,体育游戏创编原则、步骤等。

能力目标: 掌握体育游戏的创设原则、掌握体育游戏创设的步骤和方法并能灵活运用。

素质目标: 培养青年大学生创设、探究能力,团结互助、勇敢拼搏等品质和良好的社会交往能力。

项目一　游戏与体育游戏

一、游戏与体育游戏

(一)游戏

游戏是人类在社会发展过程中由生活需要而产生的一种在一定规则约束下进行的娱乐活动,属于一种特殊的社会实践性活动。根据组织及参加游戏目的的不同,可以将游戏分为娱乐性游戏、教育性游戏、竞赛性游戏、幼儿启蒙游戏、教育性游戏、体育游戏等。

（二）体育游戏

体育游戏是游戏的一种，它是以身体练习为主要手段，以增强体质、娱乐身心、激发身体运动兴趣的一种现代游戏方式，融合了人类体力、智力、身心娱乐为一体，既是游戏的组成部分，又与体育运动有着密切关系，既有游戏的特点，又有体育运动的特性。随着体育游戏活动的趣味性、健身效果等价值被人们深入的认识和理解，体育游戏被广泛应用于体育教学、训练等体育运动过程中，成为体育活动中的一个重要组成部分。当今，体育游戏是学校体育教育的重要内容，是幼儿园、小学等青少年儿童体育教学、体育活动的主要活动形式。

学前儿童体育游戏是以学前儿童体育活动为基本内容，以游戏为基本形式，以发展学前儿童基本动作，增强学前儿童身体素质为主要目的，具有一定情节、角色和规则的特殊体育活动。

二、体育游戏的分类

体育游戏是一种综合性的体育锻炼手段，根据游戏的内容、组织形式、参与人数等多种因素，体育游戏种类也多种多样。不同体育游戏的活动目的、需求所达到的活动目标不同。因此，在体育教学过程中，体育游戏一般要从需要出发，选择合适的体育游戏，采用恰当的组织形式进行，从而实现体育游戏的教学目标。按照体育教学的一般规律，可将体育游戏的分类如下。

1. 按身体基本活动能力分类

按人体的基本活动能力可把体育游戏分为走、跑、跳跃、投掷、平衡、钻、攀爬等几类。这种分类是以活动中的动作特征为划分依据，它能使人清楚地了解到活动过程中的动作基本特征，并便于使用者进行选择，以达到发展基本活动能力的目的。例如，根据实际需要选择不同走路姿势或者设置不同走的环境等创设游戏，如"走过独木桥""模仿动物走"等游戏，可发展学生走的能力；组织学生进行攀岩、钻栏架等，可提高学生的四肢协调、攀爬能力。这类游戏比较直观、简单且目标明确，也是学前儿童体育游戏的主要内容之一。

2. 按身体素质分类

按照身体素质，体育游戏可以分为速度类、力量类、耐力类、灵敏类、柔韧类等。它是以发展和提高某项身体素质为主要目的，将游戏与体能锻炼相结合的一种游戏。例如，追逐跑、"老鹰抓小鸡"等的原理就是通过游戏中的不同活动来达到提高身体的快速反应能力。

3. 按运动项目分类

以现代运动项目为分类基础，可以将体育游戏分为田径类、体操类、球类（篮、排、足）等。这种分类方法是以某运动项目的动作技能的掌握为主要目的。例如，"蚂蚁搬家""运球游戏"等，以球类运动项目中的基本动作为主要动作的游戏，常用于正式运动前的准备性活动中，也可作为项目教学的辅助练习，达到增强学生的运动兴趣，提高教学效果的目的。

4. 按体育课的结构分类

体育课的基本结构主要分为准备部分、基本部分和结束部分三大部分。在体育教学的各个过程中，为激发学生的活动兴趣，减少动作练习枯燥感，也可以采取游戏形式进行练习。例如在准备部分，多选择以集中学生注意力，调动学生学习积极性、提高身体机能和神经系统兴奋性为主的，相对简单的游戏，游戏活动时间一般为 5~10 分钟；基本部分的体育游戏主要是以提高动作学习效果为主，游戏内容多为正式动作的辅助性练习或者动作的巩固练习；在结束部分体育游戏的运用不是很多，可选择一些放松类的、运动量较小的游戏，用于缓解肌肉疲劳，让学生的身体和精神逐渐恢复到相对安静的状态。

5. 按有无主题情节分类

根据不同学生年龄特点差异，体育游戏的组织形式也不同。根据学前儿童身心发育特点，可以将体育游戏赋予一定的情节，使幼儿在创设的故事情节里、在日常生活的情境中进行体育活动，来达到增强体质，发展素质的游戏目标。并且，通过情境创设体验，可以更有效地发挥体育游戏的教育功能，更好地培养幼儿团结合作、遵守规则，形成良好的行为规范等，如小班的"小蝌蚪找妈妈"、中班的"老狼老狼几点钟"、大班的"老鹰抓小鸡"等游戏。

6. 按体育游戏的起源和发展分类

我国是一个多民族国家，地域广阔，在长期的生产劳动实践中和生活中，各地也逐步创造和发展了形式各样、具有浓郁地域特色的体育游戏。这些体育游戏具有鲜明的民族风格和地域特点，如"打陀螺""抖空竹""跳房子""踢毽子"跳绳等。因此，体育游戏可以分为现代体育游戏和民间体育游戏。在日常体育教学过程中，教师们要充分挖掘和利用本地区的民间传统体育游戏活动，创造性地进行游戏教学，大力弘扬中华民族的传统体育文化，培养学生良好的爱国情怀。

除上述的几种外，还有按活动空间分为室内和室外游戏，按参与人数分为集体游戏和分散游戏等。另外，对于同样一个游戏，也多是含有两个或两个以上的分类因素。

三、体育游戏的作用

体育游戏是我们日常生活中一项常见的活动，具有较大的社会价值，在社会生活中发挥着重要的作用。

1. 娱乐功能

随着社会生产力的发展，人们对文化娱乐生活的需求日益增大，体育游戏因它的趣味性、娱乐性得到越来越多人的喜爱。尤其是儿童，玩是儿童的天性，儿童可以在体育游戏过程中，开心活动的同时培养良好的品质。人们也可以在体育游戏中得到成功的体验和心理满足，树立自尊、自信及满足人们相互交往、共同合作的需要，并能使过剩的精力得到

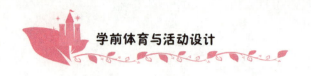

释放和宣泄，从而有助于缓解和消除紧张情绪。

2. 健身功能

体育游戏是一种以身体练习为基本手段的身心活动。参加体育游戏后，人们不仅可以改善身体状况，提升灵敏、速度、力量等身体素质，增强奔跑、跳跃、投掷、攀登、爬越、平衡等基本活动能力，还能增强人们对自然环境的适应能力。

学前儿童正处于长身体的关键时期，保持正确的身体姿态，提高基本活动能力，有利于促进他们的生长发育。体育游戏中有大量适合学前儿童开展的内容和形式，对学前儿童的身心健康发展具有特殊的价值。因此，体育游戏是学前儿童活动中不可或缺的内容和手段。

青年人的身体发育已趋完成，这正是提高身体素质的大好时机，但众所周知素质练习的内容比较枯燥、单调，很难引起人们的兴趣，而体育游戏则可以使枯燥的素质练习内容，通过多种不同的练习形式变得趣味无穷，如角力、搬运、各种形式的追拍及接力等体育游戏，对发展青年人的身体素质起着重要的作用。

3. 教育功能

体育游戏产生的原因之一就是人们的心理需求。"寓德育于游戏"，在体育游戏过程中适时地进行德育教育渗透，通过端正积极的思想内容，丰富多样的形式，且具有趣味性和娱乐性的游戏活动中培养学生良好的道德品质；同时，由于体育游戏有一定的游戏规则，这就要求参加者要严格遵守规则和道德规范，具备高度的责任感和认真的态度。因此，教师在选择或者创设体育游戏时，要根据学生的年龄特点和心理需求，这就突出了游戏的教育功能。

体育游戏是体力与智力的结合，在游戏中不仅需要较好的身体素质还要根据游戏进展进行灵活的变换和思考，尤其是在团队小组竞赛中，体育游戏还能开拓人们的思维，激发参与者的思考能力与创造能力。

四、体育游戏教学特点

（一）青少年时期体育游戏教学特点

体育游戏教学是一种有计划、有目的、有组织的教育过程。为了有效地完成体育游戏教学的目标和任务，保证体育游戏教学的顺利进行和实效性，在体育游戏，教师在教学活动中要注意以下几个要求。

1. 强调体育游戏规则

在体育游戏的教学中，教师应根据学生的条件及实际情况，选择或制订一定的游戏规则，并能使学生明确，易于遵守。在规则的限制下，愉快地完成游戏活动，以培养他们的组织性、纪律性，增强他们的责任感。另外，在游戏过程中，教师还要随时把握好游戏的活动节奏，当有的学生不能很好地掌握、运用和遵守规则时，教师可根据游戏进展情况进行及时的调整，从而使学生感受到体育游戏中的乐趣，确保体育游戏活动的顺利进行。

2. 明确学习目标

体育游戏教学是高职学前教育专业学生体育课堂上的一项基本教学内容，也是他们今后从事幼儿园课堂教学工作中的一项重要内容。教师在体育游戏教学过程中，除了体育游戏基本的锻炼性、娱乐性功能的体验外，要让学生在体育游戏过程中掌握幼儿体育游戏的创设、组织等能力，明确体育游戏的职业技能性目标。

3. 把安全教学放在首位

在体育游戏的活动中，学生多处在跑动、躲闪、追拍、对抗的状态；同时，神经也高度的兴奋，这时最容易发生滑倒、冲撞等情况。因此，教师除了做好游戏前对游戏场地、器材等进行安全检查外，还要在游戏开始前跟学生强调好安全注意事项，并且在游戏过程中做好巡回指导，防止伤害事故的发生。

4. 把控游戏节奏强度

体育游戏的教学过程是一个不断地依据各种信息反馈进行控制和调整的过程。在进行体育游戏教学时，教师要根据游戏活动的目标把控好游戏节奏强度以达到最佳的教学效果：①准备部分游戏，以达到热身效果为宜，中等强度为主，一般不超过10分钟，如果活动时间过长，则会消耗学生太多精力，影响后面的动作学习；②基本部分游戏，中等强度为主，活动强度和活动时间可根据教学情况适时增加，以促进和完成课堂教学目标为参考；③结束部分游戏，以简单的拉伸、放松性内容为主，一般不超过10分钟。

5. 突出育人功效

大学生的主观意识和思想还不成熟。教师在体育游戏的教学中，要根据大学生的生理、心理特点，通过体育游戏进一步完善他们的个性，在体育游戏活动的过程中培养优良品质、厚植爱国情怀。

（二）学前儿童时期游戏教学特点

学前儿童体育游戏是以体育运动为基本内容，以游戏为基本形式，以发展学前儿童基本动作、增强他们的身体素质为主要目的，具有一定的情节、角色和规则的体育活动，游戏形式活泼生动，适合学前儿童的年龄特点，易于激发学前儿童积极参加体育活动的兴趣，是幼儿园开展体育活动的主要形式。注意，对于同样的游戏主题，面对不同的年龄儿童时，教师也应该采取不同的教学方式开展。

1. 小班游戏教学特点

小班儿童处在行走、奔跑、跳跃、投掷和平衡等基本动作的初学阶段，动作还不够自如，缺乏协调性和准确性，喜欢模仿，但注意力不易集中，对游戏中的动作、角色、情节感兴趣，对游戏的结果则不大注意。因此，小班游戏在内容选择上，动作内容要少，以模仿性强且带有故事情境的为宜，每个具体动作一般就1~2个；在活动形式上动作要求简单，重复性相同动作，游戏规则相对简单。

2. 中班游戏特点

中班儿童的动作有了明显的进步，活动也较协调，平衡能力提高，比较喜欢有情节、

有角色的追逐性游戏，因此，中班的游戏动作内容开始相对丰富，可以适时变换动作、变换场地情境等，如跳跃游戏可以双脚跳，也可以单脚跳或者双脚向不同的方向跳等；活动方式可以根据幼儿活动情况进行同时练习、依次练习、巡回练习等。同时，游戏规则的限制性可加强，可以设置一定的"惩罚性"规则，以更好地培养幼儿遵纪性、独立性、主动性和创造性。

3. 大班游戏特点

大班儿童已能较熟练地掌握各动作，而且动作显得协调，灵活，喜欢玩有胜负结果的游戏。因此，大班体育游戏可选择活动方式变化多样，角色变化多样化又带有竞赛性的游戏。处于这个年龄段的儿童的自主性、创造性更加突出，在游戏组织过程中要充分发挥他们的特色以更好地激发和培养他们的创造性；同时，教师还可通过小组游戏、竞赛等方式培养大班儿童的团队协作能力。

不论哪个年龄段的儿童，在游戏活动过程中，都需要教师帮助幼儿选择适合他们的游戏。

项目二　体育游戏的创编

二、体育游戏的创编

体育游戏的内容和形式不是一成不变的，在教学过程中，教师要根据学生的身心特点和实际需要，发挥创造力和想象力，在实际工作中创编出具有较高健身性、教育性和时代性的体育游戏。体育游戏的创编有其规律和原则，只有掌握体育游戏的创编原则和编写方法，教师才能更好地根据需要运用和拓展游戏，丰富学生的学习内容和锻炼手段，适应学生不断发展变化的需要。

（一）体育游戏的构成

（1）游戏的任务：发展学前儿童基本动作；提高身体素质；促进正常发育和机能协调发展；丰富学前儿童知识；培养良好品德。

（2）游戏内容：是游戏的主要成分，由游戏任务决定。

（3）游戏的角色、情节和规则：游戏动作是通过角色来完成，角色构成了一定的情节，而每一个游戏又必须要有规则。

（4）游戏的条件：包括游戏的场地、器械和玩具，是游戏赖以进行的物质基础。

学前儿童体育游戏的基本格式如下。

（1）游戏的名称。

（2）游戏目标。

（3）游戏准备。

（4）游戏玩法（或游戏过程）。

（5）游戏建议（或注意事项）。

（二）创编原则

1.科学性原则

体育游戏具有鲜明的年龄特征，要依据不同年龄特点身体状况有针对性的设计适合各年龄班的游戏活动。活动内容以肢体活动为主，且应达到适宜的运动负荷，做到简单、实用又便于操作。

2.教育性原则

体育游戏对儿童的思想品德及成长具有正面的教育作用。在创编过程中，教师要通过游戏情境适时进行思想道德教育，以促进学前儿童优良品质的形成。

3.新颖性原则

学前儿童的有意注意时间短，对新鲜事物好奇心强，在进行体育游戏创编时要不断探索，将传统与现代有机结合，把学前儿童喜欢的动画形象和故事情节融入游戏。同时，在材料选择过程中，教师可以利用废旧物品、现有器材和材料，将它们巧妙运用，不断挖掘和运用新的运动器材，以激发学前儿童参与运动的兴趣，促使他们练得开心、玩得尽兴。

4.趣味性原则

趣味性是体育游戏的一个显著特点，也是体育游戏能够带给人们欢乐的重要因素。这是体育游戏教学目标实现的重要因素，能最大限度地提高活动的参与积极性。不同的年龄段儿童对体育游戏趣味性的感受是不尽相同的，因此，在创编游戏时，一定要根据不同年龄段儿童的身心发育特点来创编，让难以理解的动作和单调的素质练习变成具体、有趣的游戏情节，带着自然、轻松、愉悦的心情活动。

5.安全性原则

安全是基本前提，是体育游戏必须遵循的原则，若出现安全问题，体育游戏的价值就无从谈起，而且会产生负面影响。创编体育游戏时，必须防患于未然，尽可能排除不安全因素。

（三）创编步骤和方法

（1）确定游戏任务：全面均衡的依据发展目标来确定任务。

（2）选择游戏内容：游戏内容的选择是开展体育游戏的关键，创编过程中要根据幼儿的身心发育特点、幼儿园活动环境、活动场地、天气气候等各种因素来进行初步设计，内容可来源于模拟自然现象、模拟动物的形态、模拟人物、劳动、生活、事件等。如在发展学前儿童跑、跳能力时，教师可以选择模仿小马、小羊、小兔、青蛙等动物的动作进行练习。

①根据体育活动的类型选择游戏。

幼儿园体育活动类型包括体育教学活动、体育自选活动、户外体育活动，它们在幼儿园一日活动中的作用不同，活动时间长短不一，因此，教师在进行游戏选择时也有着不同的要求，见表5-1。

表5-1　学前儿童体育游戏内容选择与要求

游戏类型	内容选择与要求
体育教学活动	选择游戏时必须考虑体育活动组织每部分的任务：选择游戏与教学内容相一致；选择游戏来学习新动作，选择游戏来复习巩固动作
体育自选活动	活动间歇时间有10~15分钟休息，为得到充分休息，可让学前儿童分散自选或自由结合来进行一些简单的民间游戏
户外体育活动	复习游戏、新游戏、民间传统游戏等。可由教师组织，也可自己活动；注意动静交替；晨间选择小型、民间游戏；其他领域教育后，选用活动量大的游戏；追跑、跳跃等后，采用活动量小的游戏

②根据学前儿童的年龄特点选择游戏。

由于3~6岁学前儿童在生长发育、心理发展、体能和智能等方面都有很大差异，不同年龄阶段的幼儿体育游戏活动的特点也就有所不同，因此，教师要根据年龄特点选择游戏，见表5-2。

表5-2　不同年龄阶段的学前儿童体育游戏内容选择与要求

幼儿年龄	内容选择与要求
小班（3~4岁）	基本动作初学阶段。选择动作内容、情节简单，角色少，便于模仿，规则易遵守
中班（4~5岁）	基本动作明显提高，协调性、平衡性较好。可选动作多样化的游戏，可增加游戏的竞赛性、规则和角色
大班（5~6岁）	动作协调有力，灵活自如。可选择动作多样化又带有竞赛性的游戏

③根据学前儿童基本动作发展水平选择游戏。

这类游戏的选择内容很多，但难易程度不一样，因此，教师应注意贯彻循序渐进性原则和巩固性原则，由易到难地选择。

④根据时间、地点、季节和条件等因素选择游戏。

冬季寒冷，可选择运动量大的追逐性、跳跃性等内容，夏季酷热，则要运动量小，相对安静的游戏。例如，在冬季，快跑内容可以开展"贴纸跑""捉带子"等活动，在夏季可开展"切西瓜""警察抓小偷""贴人"等游戏。

（3）游戏角色情节化：激发角色活动的动力，增加角色活动的趣味性。如"老鹰抓小鸡""狼和小羊""猫和老鼠"等。

（4）确定游戏规则：保证游戏具有良好的组织性和教育性。

（5）提供游戏条件：场地布置、玩具和器材、知识准备等。

二、学前儿童体育游戏活动案例

案例一

接力传纸碟（小班）

【活动目标】

（1）练习抛接、平衡、双脚跳等动作，锻炼幼儿平衡、下肢力量等素质。

（2）体验玩纸碟的乐趣，能与同伴友好合作进行一物多玩。

（3）培养幼儿的团队合作能力。

【活动准备】

自制纸碟若干个、小筐若干个。

【活动过程】

一、熟悉纸碟

（1）教师出示纸碟，幼儿练习抛、接动作，两人互相传纸碟。

（2）教师：下面请小朋友们自己玩，看谁玩的方法多。幼儿尝试、创造不同的纸碟玩法。

（3）教师：引导幼儿利用纸碟一物多玩，练习滚纸碟、双（单）脚立定跳过纸碟等。

二、游戏：传飞碟

（1）活动准备：教师将幼儿平均分成若干组，排成一竖排。组与组之间间隔1米。每组前面的地上一字排开与队伍人数相同的纸碟，每个纸碟间隔半米。同时，每队最前面放一个小筐。

（2）活动方法和规则：幼儿分成若干组，各组第一名幼儿双脚向前行进跳过纸碟，捡起最后一个纸碟后，跑回来传给第二名幼儿，第二名幼儿接到纸碟后放到小筐里，然后按照第一名幼儿的样子跳过剩下的纸碟，再捡起最后一个纸碟传给第三名幼儿，依此类推，哪组最先把纸碟传完为胜者。

（3）比赛进行若干次，每次需要调整每队幼儿的先后顺序，以保证幼儿获得大致相同的运动量。

三、活动小结

【活动建议】

（1）可以把纸碟换成标志盘等其他物件进行。

（2）纸碟摆放的数量和纸碟间的间距可视幼儿年龄和运动能力而定。

案例二

蚂蚁搬家（中班）

【活动目标】

（1）尝试胸腹夹物侧身走，锻炼身体灵敏协调能力。

（2）培养团队互助合作的能力，体验集体游戏的乐趣。

【活动准备】

伴奏音乐、小球若干。

【活动过程】

一、准备活动

（1）教师带领幼儿两个一组或三个一组做相互传球练习。

（2）幼儿在原地跟着教师做身体拉伸活动。

二、游戏过程

教师：（情境导入）：小朋友们，今天老师带大家玩一个蚂蚁搬家的游戏。我们现在都是小蚂蚁了。有一天，蚂蚁头领跟大家说："雨季马上要来了，我们现在住的地方太低了，容易被雨水浸湿，我们要赶在大雨来临前搬到前面的山坡上去，大家一起加油！"说完，大家就开始分工搬家了。教师把小朋友分成两人一组，让他们背靠背，手挽手，后背夹着小球把球运到指定位置，中途球落地则捡起继续。

幼儿：初步尝试用后背夹球侧身走，教师在一旁指导。接下来，教师带领进行组间竞赛夹球走，最先运完小球的一队为胜。

三、活动小结

【活动建议】

（1）所夹球的大小要看幼儿的身体情况选择。

（2）教师在一旁做好辅助，避免由于拖拽而摔倒。

（3）大班幼儿可尝试侧身跑。

案例三

勇攀高峰（大班）

【活动目标】

（1）通过练习攀爬3米高的障碍物，锻炼幼儿肢体的协调性，增强肌肉力量，发展攀爬能力。

（2）培养幼儿勇敢、坚强和团结互助的品质。

【活动准备】

标志盘若干、攀岩墙、音乐。

勇攀高峰

【活动过程】

一、准备部分

幼儿在教师带领下进行上肢运动、下蹲运动、体侧运动、体转运动、全身运动、跳跃运动、整理运动。

二、游戏过程

教师：组织小朋友集合到场地旁边。播放一个小动物呻吟的音乐作背景。小朋友们，你们听到了什么声音吗？

幼儿：有小动物在哭。

教师：我们要想办法把它救出来，可是，前面有一堵墙拦住了，怎么办？

幼儿：我们得想翻墙过去才行。

教师：你们敢翻过去吗？

幼儿：敢！

教师：提出游戏规则和翻墙注意事项，请其中一名小朋友做示范。小朋友们走到轮胎前面，快速跨过标志盘，翻过攀岩墙，跳下去后，先捡起墙后面的布娃娃，再迅速从旁边跑回。

幼儿：在教师的帮助下完成救援小动物的任务。

三、活动小结（略）

【活动建议】

（1）没有攀岩墙的可用利用轮胎、绳索等进行自制。

（2）可以组织幼儿进行适量的攀岩竞赛，激发幼儿的拼搏进取的斗志精神。

（3）在活动过程中，教师要多加鼓励女孩子。

思考题

1. 简述体育游戏的分类。

2. 简述体育游戏的作用。

3. 简述学前儿童时期游戏教学特点。

4. 简述体育游戏的创编原则和要求。

5. 以小组为单位，结合手工制作、儿童文学等课程知识和技能，创编一个以学前儿童基本活动动作为主的体育游戏，要求说明创编理念。

模块六
过程与方法

项目一	课堂教学活动设计

🔖 学习目标

知识目标: 了解幼儿园体育教学活动的内容、意义和分类。

能力目标: 掌握幼儿园体育教学活动的设计与组织教学技能。

素质目标: 培养青年大学生创新意识、合作探究能力,具有良好的教师职业道德和教师情怀。

一、幼儿园体育教学活动的意义

二十大报告中指出:"办好人民满意的教育。教育是国之大计、党之大计。培养什么人、怎样培养人、为谁培养人是教育的根本问题。全面贯彻党的教育方针,落实立德树人根本任务,培养德智体美劳全面发展的社会主义建设者和接班人。坚持以人民为中心发展教育,加快建设高质量教育体系,发展素质教育,促进教育公平。"教育要从娃娃开始,更要从每次教学活动抓起。

学前儿童体育教学活动的开展,不但体现出有目的性的对身体发展的价值;同时,对于调节学前儿童心理、对于发展相关事物的认知、对于社会交往、对于幼儿早期思维能力及语言的发展都存在着不可低估的价值,学前儿童的年龄特点,决定幼儿园体育教学活动必须体现游戏性，体育游戏作为体育教学活动开展的基本形式，提高学前儿童在教学活动中的融入性，提高学前儿童在生理及心理中的积极反应，以满足学前儿童健康成长的需要。

二、幼儿园体育教学活动的分类

（一）运动能力发展层次下的体育教学分类

1. 新授课

通过教师正确的引导，逐步形成完整、正确的动作概念，并由易到难，让幼儿尝试、体会动作练习的过程。有些动作可以通过分解法与完整练习法相结合，从而让他们不断形成初步完整的动作能力。新授课以教师为主体，教师引导幼儿不断提高体育运动能力。

2. 练习课

在新授课的基础之上，通过多元手段、多种形式进行练习，不断巩固和完善相关动作能力；并能划分出不同的层次要求，在改变条件、变换方法、提高难度等方面让幼儿围绕核心动作反复练习，逐步内化为自我的动作能力。练习课强调以教师指导，幼儿练习为主。

3. 综合运用课

通过合理设计，把核心动作综合到各种已有能力项目之中进行运用，并使幼儿在综合内容中把已内化的动作能力得以合理的表现。综合运用课强调教师为辅，幼儿为主。

（二）多元目标结构理论视角下的体育教学分类

学前儿童体育教学活动虽然以身体发展为核心，但在幼儿园教育中依然表现出其综合性的一面。以身体发展和体育教学为平台，追求其他目标也是学前儿童体育教学活动的一大特点。综合来看，其主要表现在以下七个方面。

1. 以身体发展为导向的体育教学

体育教学以关注幼儿身体的发展为核心，主要包括身体体能的发展、动作技能的发展、基础运动技能的发展等。因此，它主要形成体育发展课（以动作练习为基础，以生理负荷为指标）、动作发展课（以儿童基本动作和基本技能为基础）、基本技能学习课（以儿童需要学习的技能或运动技能的活动为基础）、综合运用课（以儿童基本动作的综合运用为基础）、效果展示课（以自我表达的基本技能或活动形式的集体表达为基础）等形式。

2. 以社会性的规范为导向的体育教学

此类教学活动主要强调幼儿在体育活动中，能遵从集体的需要，让教师和幼儿间形成合理的互动能力；同时，这对保障体育活动的开展所需要的基本意识和能力进行的体育教学活动，如组织纪律课、队列队形课、运动器材归整课等提供了保障。内容主要有各种常规要求、身体姿势要求、队列队形要求、运动器材取放要求、伙伴间的合作交往等。

3. 以健康心理发展为导向的体育教学

此类教学活动主要强调幼儿在体育活动中，通过身体的体验和感受，能克服较强的心理负荷，使自身在意志力、控制自我情绪、果敢性等方面得以发展，如行为心理课、意志磨炼课等。内容主要有定向活动、长足活动、负重活动、耐力活动，以及各种带有极限挑

战性的内容（爬高、从高处向下跳、走较高的平衡木等）。

4. 以兴趣满足为导向的体育教学

这种教学活动主要强调幼儿通过体育活动，以获得心理需要和满足。这种类型的教学活动，要求学前儿童已有能力和经验在此类课中占主导，通过运用各种手段，幼儿可以获得运动的快乐。在幼儿园中，此类课的内容形式较多，如愉悦身心课（放风筝、吹泡泡、玩水、玩沙等），体育游戏课（带领、组织或教会学前儿童一些体育游戏），兴趣培养课（让学前儿童获得更多体育相关内容的认知，从而使学前儿童对相对陌生的内容产生兴趣），自主选择课（教学中提供一定数量的材料和内容，由学前儿童自我选择进行活动）等。

5. 以探究性活动为导向的体育教学

此类教学活动旨在由教师发起，学前儿童以个体或小组形式进行深层次的探索活动，表现出对某种相对陌生内容或事物的认知，从而形成多元思维及多元动作表现形式的活动方式，如一物多玩课、体育科学课、主题动作多元表现课等。

6. 以生活常识为导向的体育教学

此类教学活动指着在体育活动中，练习学前儿童一系列与生活相关的内容，如运动安全技能课（训练学前儿童在遇到应激危险时，如何通过身体的技巧来规避危险）、生活能力训练课（如穿衣、穿鞋、叠被等）、礼仪（通过身体行为的礼仪表现）等。

7. 以体育欣赏为导向的体育教学

此类教学活动旨在让学前儿童通过对于体育视频或图片的观摩来获得体育中相关知识的认知和对体育美的欣赏，主要途径有对各种高水平运动内容的欣赏、对自身和伙伴运动内容的欣赏等。

知识链接

教育部在《幼儿园教育指导纲要（试行）》中提出，教育活动内容的选择应体现以下原则。

（1）既适合幼儿的现有水平，又有一定的挑战性。

（2）既符合幼儿的现实需要，又有利于其长远发展。

（3）既贴近幼儿的生活来选择幼儿感兴趣的事物和问题，又有助于拓展幼儿的经验和视野。

三、体育课的结构

课的结构指一节课教学活动环节的安排，以及各环节中的教学活动内容组织工作的安排顺序和时间的分配等。

学前儿童体育课的结构，主要是依据学前儿童生理机能活动变化的规律以及活动中学前儿童身心活动变化的特点等方面来确定的。一般可以分为三个基本的环节或部分，即开始部分、基本部分和结束部分。

（一）体育课的开始部分

开始部分的主要任务是迅速地将幼儿组织起来，集中幼儿的注意力，并从生理上和心理上动员幼儿。

1. 集中的方式

集中的方式有规范性的集中方式和非规范性的集中方式。规范性的集中方式强调有组织地形成一定的队列队形。而非规范性的集中方式则以松散的方式进行集中。根据教学目标的不同、幼儿年龄不同等方面，进行集中方式的选择。

2. 心理的动员

心理上的动员主要是指调动幼儿参与活动的积极性，激发幼儿的活动欲望，使幼儿的精神兴奋，充满情感，渴望尝试。教师的情绪、语调和姿势会直接影响幼儿的情绪和兴趣，因此，教师应特别注意自己的言行对幼儿的影响和感染，从而使幼儿在兴奋状态下，注意力集中在活动中。

3. 生理的动员

生理上的动员主要指让幼儿做一些身体的准备活动，逐步提高机体的机能活动能力，使身体各器官系统的机能逐步进入到工作状态，为日后开展较大的活动量的身体运动做好准备。

4. 热身活动的分类

热身活动的准备包括一般性准备活动和专门性准备活动。一般性准备活动是指不分身体的侧重，身体的各部位进行平均准备。专门性准备活动是指为主题内容而侧重于身体某部位进行的准备活动如主题内容为跳跃，准备的重点是下肢活动。在有主题的体育活动中，教师要把这两种准备活动方式相结合。

5. 准备活动的时间安排

准备活动的时间占每次体育教学活动的 10%~20%。在小班体育教学活动中，由于选择的主题内容较为简单，运动负荷较小；同时，整个教学活动更多以一个情境展开。因此，准备活动和基本部分的内容往往可以形成一个连续性的整体，准备活动的时间较为模糊。

此外，筹备活动的时间也因天气而异。当天气炎热时，体育活动的准备时间可以缩短；冷的时候可以延长。

（二）体育课的基本部分

1. 基本部分的内容

基本部分的核心内容的选择，在幼儿园教育中非常宽泛，多元目标结构理论下的目标内容都可以成为幼儿园体育教学活动的选择方向。

2. 基本部分的组织形式

合理、有效的组织形式对于保障体育教学活动起着至关重要的作用，是确定教师与幼儿之间、幼儿与幼儿之间关系的组织方式。基本部分的组织形式多种多样，主要采用以下四种方式。

（1）不分组整体跟随式的组织方式。

每个幼儿在保障各自一定空间的基础上，以分散队形或某种队形跟随教师进行集体性的身体活动，全体幼儿同时做着相同的动作。此方式在幼儿园小，中班运用较多。主要针对某一基本动作或系列动作的练习而采用的组织方法。

（2）分组组内个体依次轮换的组织方式。

把幼儿分成若干组，每组从排头开始，组内个体依次轮换进行。此方式主要表现为一名幼儿完成之后，接下来一名幼儿轮换进行的方式。也可采用间隔一定距离或时间，再进行下一名幼儿的轮换方式。此方式主要用于中、大班的幼儿。

（3）不同目标达成，自由选择分组的组织方式。

教学围绕某一主题，形成不同层次要求的达成目标，由幼儿根据自我能力，进行自由选择形成的分组方式。例如，在立定跳远的练习过程中，教师把两根长绳放于地面，拉成V形，幼儿根据自己的能力，选择不同的宽度进行立定跳远的练习。再如，走平衡木时，教师把平衡木分成若干组，每组形成不同的能力要求，幼儿进行自由选择进行练习等。此方式主要用于中、大班的幼儿。

（4）分组轮换的组织方式。

教学中把幼儿分成若干组，每组操作同一主题的不同内容，一定时间后每组之间进行交换，或以轮换的方式进行，此方式主要用于大班的幼儿。例如，教学以椅子为主题，每组幼儿自我设计椅子的玩法并进练习，一定时间后各组之间形成轮换，依次练习其他组椅子的玩法。

以上四种组织方式也经常被组合运用，根据教学目标、内容、人数、场地、器材、幼儿年龄特点等条件，采用先合后分，或先分后合的方式进行。

3. 基本部分的时间安排

基本部分的时间占每次体育教学活动的 70%~80%。

（三）体育课的结束部分

结束部分主要让幼儿逐步恢复到相对安静的状态，通过身体的积极放松，使幼儿情绪和身体都得到积极的调整，并有组织地结束教学活动。

1. 放松部分内容的安排

对放松部分内容的安排，主要是基于儿童活动的基本部分进行设计，是对基本部分内容的有效延续，需要具有一定的针对性。例如，本次教学活动主要针对上肢或下肢内容时，放松中需要对上、下肢体有更多的涉及；本次教学活动若运动负荷较大时，则需要强调全身的放松，并结合呼吸的调整；若本次教学活动心理负荷较大时，则强调愉快心理的设计等。

放松部分一般选择一些运动负荷较小，能使心情得以放松的相关内容。例如：轻松自如的走步、徒手的放松操、呼吸的调整、轻缓的舞蹈、有趣的缓和游戏等。做到有趣、生动，科学合理。除此之外，教师需要对本次教学活动进行一定的总结，安排教学活动后幼儿需要进一步练习的内容及注意事项；同时，还要安排幼儿对器材进行归位摆放等。

2. 放松部分的时间安排

放松部分的时间占每次体育教学活动的 10% 左右。

四、幼儿园体育教学活动的设计

（一）学前儿童体育教学活动的准备

内容的准备

学前儿童体育活动的内容来源非常广泛，包括课程中的相关内容，而更多的内容选择来自教师在幼儿园的教育中，发现幼儿可发展的内容。在选择教学内容时，教师应注意以下四个方面的要求。

（1）选择的内容具有合理性。

教师在选择主体内容时，应更多地针对幼儿基本能力及身体素质的发展，在幼儿已有经验基础之上进行内容的选择。幼儿的经验主要指生活经验、认知经验、运动经验，社会性经验等。

（2）选择的内容具有趣味性。

教师在选择主体内容时，应强调主体内容具有快乐的元素，符合游戏的概念，以满足幼儿的情感需求。

（3）选择的内容具有发展性。

在进行教学之前，教师应该对儿童的现有能力有更全面的了解，对不同年龄段儿童的能力发展有更清晰的评价。强调在选择内容的基础上对幼儿现有的能力体验进行有针对性的挑战，从而不断促进幼儿能力的发展。

（4）选择的内容具有多样性

体育活动的多样性是幼儿园体育活动的特点之一。一方面，它可以形成幼儿各种能力的发展；另一方面，它可以形成幼儿的多元认知，对激发幼儿的体育兴趣起到很好的作用。总的来说，幼儿园体育教学内容的选择，强调科学性、目的性、系统性、条理性、集体性及可控性等方面，见表 6-1。

表 6-1　不同年龄段学前儿童体育活动内容要求

3~4 岁	1. 能沿地面直线或在较窄的低矮物体上走一段距离。 2. 能双脚灵活交替上下楼梯。 3. 能身体平稳地双脚连续向前跳。 4. 分散跑时能躲避他人的碰撞。 5. 能双手向上抛球
4~5 岁	1. 能在较窄的低矮物体上平稳地走一段距离。 2. 能以匍匐、膝盖悬空等多种方式钻爬。 3. 能助跑跨跳过一定距离，或助跑跨跳过一定高度的物体。 4. 能与他人玩追逐、躲闪跑的游戏。 5. 能连续自抛自接球

5~6 岁	1. 能在斜坡、荡桥和有一定间隔的物体上较平稳地行走。 2. 能以手脚并用的方式安全地爬攀登架、网等。 3. 能连续跳绳。 4. 能躲避他人滚过来的球或扔过来的沙包。 5. 能连续拍球

（二）集合组织中的场地准备

在体育活动中，幼儿的集合和队伍的调动是教学中的难点。教师在教学过程中，需要对整体集中和调动的位置作合理的处理，通过场地的有效布置，能快速、有效地达到组织的目的，不提倡教师过多地改变场地，过于频繁地集中幼儿，应让幼儿将更多的时间放在体育活动中。

1. 情境创设的场地准备

情境创设是学前儿童体育活动的重要手段。通过创设有效的情境，使活动更加真实，从而达到教育的目的，幼儿越小，就越有可能受到这种情况的影响。在集体体育活动中，不要求教师过多、过紧地进行环境的布置，而更强调教师通过形象化语言的表述来进行情境的创设。但活动中的主要环节的情境，依然需要教师用心地布置，从而达到"共情"的效果。

2. 路线安排的场地准备

路线的安排更多表明幼儿有序运动的途径。当活动的路线较为复杂时，需要在场地的布置上更清晰地标明幼儿运动的方向，从而减少过多的示范和讲解。

（三）器材的准备

器材主要包括必要器材和辅助器材。必要器材是指体育活动中被使用和操作的材料；辅助器材主要是营造氛围或情境创设需要的材料，如音乐、头饰、挂件等。在使用辅助器材时，教师应考虑到辅助器材是否会影响到身体的活动，自制手掌板和自制弹弹圈见图 6-1 和 6-2。

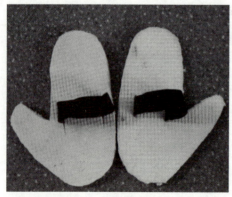

图 6-1　自制手掌板

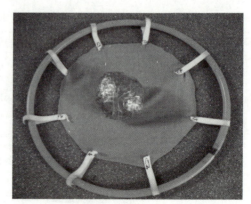

图 6-2　自制弹弹圈

（四）教法的准备

教师在教法的准备过程中，应考虑幼儿年龄的特点、主体内容的特点、难易程度及可形成的层次关系、教学的步骤、运动负荷的大小、组织的方法、指导的手段、目标的达成等方面的问题。

（五）教案的准备

在以上内容准备的基础上，教师再进行体育活动的总体设计和教案的编写。

五、幼儿园体育教学活动的教学方法

（一）体育游戏法

科学地充分利用儿童的好奇心、趣味性以及幼儿喜欢玩游戏的身心特点，创作和使用各种有趣的体育游戏，将有助于提高幼儿的身心注意力和投入程度。有三种切实可行的办法。

1. 现代体育项目技能游戏

以篮球、足球、乒乓球、羽毛球等项目器材及其技能，作为相关体育游戏的基本技能和活动规则，使学生在运用器材运动的过程中，既能学习现代项目的基本技能动作，又能得到相对全面的身体素质训练，如花样篮球、花样足球、花样乒乓球，以及其他的打破现代项目现行规则的活动，使幼儿在活动中能充分展现自己运动、娱乐的天性，在快乐的氛围中锻炼体力并提升体能。

2. 传统体育项目技能游戏

以传统武术的某个技能为主的游戏活动，如常见的前滚翻、后滚翻、倒立、翻跟头、马步，以及其他多个分解动作的造型技能等，让幼儿在学习和掌握的基础上，以此作为基本的内容开展游戏活动，如耐力游戏、速度游戏、花样造型游戏等，使其在传统文化的学习和运用中，去创造并收获快乐与体能锻炼。

3. 民间活动技能游戏

以丢沙包、拔河、跳绳、踢毽子、角力、掰手腕，以及其他各地群众特色开展活动等为主，组织幼儿利用某个课堂环节开展活动，如作为准备活动、课堂期间的娱乐活动，以及课堂结束时的自由活动等，既能调动学生体育课堂积极性，也能吸引更多的幼儿积极参与活动，得到充分的锻炼和提升体育兴趣。

此外，这种方法还可以将当前流行的动漫相关情节或内容，直接现实化为体育内容，吸引那些依赖动画片甚至沉迷于动画片的幼儿，使他们能够在自己喜欢的情况下调动和激发自己的创造力，引导他们走出动画的虚拟世界，逐渐养成良好的运动习惯，健康的娱乐和积极的生活态度。

（二）班级小组竞赛法

在体育课上进行团体竞赛或个体对抗是激发幼儿个体荣誉感、团队荣誉感和进取精神

的有效途径。可以实施方法有三种形式。

1. 现代体育项目的小组竞赛

根据班级学生总数和男女比例，可以根据选定的项目组建团队，并由老师担任评委、裁判，甚至作为团队成员之一，可以组织幼儿进行团体友谊赛，以扩大幼儿参与的人数，并且提高幼儿的体能锻炼。团体比赛如班级集体篮球、足球比赛等个人游戏如跳绳、跑步等，只要充分利用上课时间组织适度负荷的体育活动，结合儿童体育兴趣即可组织相关活动。

2. 体育游戏竞赛

对于多人多足游戏，如占位、跳绳、跑步人等，可以在课堂上加入团队或在幼儿中自由配对等，发挥自己的乐趣，营造幼儿身心统一的体育活动氛围。尽可能多样化的体育活动形式，从而激发幼儿的竞争精神和竞争意识，使大多数幼儿能得到充分的锻炼。

3. 单技能或单项目体力活动比赛

例如课堂时间内的分组举办的短程跑步、爬行比赛，短程接力比赛等，以及单位时间内的篮球投篮比赛、足球射门比赛等，以简单易行、幼儿熟悉的项目为主，既能吸引体育基础和体能素质较好幼儿参与，也能那些技能水平相对较差的获得更多成功体验，以此来培养和巩固他们对体育运动兴趣和体能优化的积极感受，从内心深处激发出他们的敢于竞技的精神。

（三）体力劳动情境模拟法

通过模拟各种体力劳动的技能动作，创编为幼儿体力活动的技能动作内容，是对其开展劳动教育和体力活动训练的最佳统一方式之一，建议可以采用三种模拟情境来实施。

1. 农业生产劳动技能模拟

例如翻地、平地、播种、收割，以及各种水果的采摘等技能动作的模拟，只要教师对于这些运动加以艺术化的编排，使其具有体育的美感和激情，就能让幼儿在仿真"工具"的运用中，获得劳动技能教育和劳动品质教育。

2. 日常家务劳动技能模拟

例如扫地、叠被、擦玻璃、洗碗与洗衣服等技能动作，在经过教师的舞蹈化或体操化设计之后，组织幼儿开展相关的学习和体育活动，使其在最为熟悉的技能动作的运用中，去深入了解生活和提炼生活，把体育能力和体育意识融入生活中，更能渲染幼儿对于生活的热爱。

3. 其他职业劳动技能模拟

在教学和训练组织中，教师要注意选择那些具有典型性、表现力强的职业，如建筑工人、外墙粉刷或清洁工人等，把他们的劳务动作创编为体力活动技能，为幼儿未来的职业体育创新提供更多的思路。

六、幼儿园体育教学活动目标的编写

幼儿园体育教学活动的核心目标主要包括运动负荷目标、技能目标、认知目标、心理目标和社会性目标等。幼儿园体育教学活动的目标达成主要包括即时性目标和发展性目标两种。

即时性目标是指以幼儿具体的，可被观察的行为来表述幼儿教育活动目标，它指向的是在教育活动实施以后在幼儿身上可被观察到的行为变化。即时性目标具有客观性和可操作性等特点。在体育教学活动中，其主要表现在技能、认知等方面的发展上。即时性目标常用的表述词主要包括"明确""知道""懂得""能用""掌握""分辨""了解""获得"等。发展性目标又称为教学目的，是建立在成人经验基础之上的，利用一定的方法和手段，促使幼儿不断向某一方面发展的目标。发展性目标具有促进性和不可观察性等特点。这在体育教学活动中主要表现在运动负荷、身体素质、综合能力等方面的发展上。

发展性目标常用的表述词主要包括"发展""促进""提高""加强""探索""感知""体验""尝试""探究""兴趣"等。

七、教学活动设计

（一）设计流程

（1）分析活动内容：所选内容与幼儿体育活动的内容和目标一致，且应由易到难。

（2）制订活动目标。

①心理目标：愉悦幼儿的身心，培养幼儿对体育的兴趣，以达到增强幼儿的体质的目的。

②认知目标：培养幼儿好奇探究、勇敢、乐观自信等品质。

③技能目标：发展幼儿的基本动作技能（走、跑、跳、投掷、攀登、钻爬等），提高身体协调性和灵活性。

（3）准备活动条件。

（4）设计活动过程。

（二）设计要求

（1）明确体育课的类型，是新授课、以复习为主的活动课，还是新旧内容结合的综合教学活动。

（2）依据人体机能的变化规律。

人在从事某项活动（尤其是体育活动）时，身体从安静状态进入工作状态，其机能活动能力（工作能力）总是从较低水平逐渐提高到较高水平，随后在一定的时间内保持最高水平，再逐渐下降。

（3）传授基本知识、活动技能、动作技能时要依据幼儿动作技能形成的规律。

（4）在基本部分注意生理负荷（运动量）的安排。

若运动量过小，运动对身体的刺激也就较小，因此也就达不到锻炼身体、训练技能的目的；若运动量过大，运动的刺激超出幼儿身体所能承受的范围，会有损于幼儿身体的正常发育。影响幼儿运动量大小的因素有运动的次数、运动时间、运动的强度、运动密度、活动项目的特点等。

（5）注意活动过程的游戏化。

（6）教案的表述，包括名称、目标、准备过程延伸活动、评价及建议等。

（三）实施策略

1. 树立正确的教学观

（1）树立体育教学观。一是幼儿园必须树立幼儿身体素质全面发展的体育观念。幼儿园应该针对幼儿各项身体机能的发展在幼儿园现有的场地上设立不同的户外体育活动区域。同时，还要根据大班幼儿的年龄，设置符合大班幼儿发展的区域，让幼儿的身体发展能够得到一个循环、良性的发展。二是家长要学习先进的育儿思想，积极参加幼儿园或是社会幼儿教育机构举办的育儿论坛，通过学习新的育儿思想，以此来改变传统的育儿观念。

（2）突出幼儿为本的教育理念。教师在组织体育活动时要考虑幼儿所使用的游戏材料是否符合幼儿的身心发展特点。教师在组织活动时，一定要以幼儿的发展年龄阶段为基础选择器材。教师在组织体育活动时，要注意器材的安全性和趣味性，引起幼儿的兴趣才能更好地开展户外体育活动，做到让幼儿身体在潜移默化中得到良性发展。

2. 提高教师的专业化水平

幼儿园教师要学习职前的理论知识，而入职后的培训也尤为重要。新入职的教师要会观察，观察幼儿的某些动作和某些细节，了解到幼儿的一些行为习惯。教师要写课后总结；同时，也要向先前入职的教师学习经验，互相交流共同进步。幼儿园也要组织教师学习如何组织户外体育活动，组织哪些户外活动，针对不同的幼儿需要组织不同的户外活动。

3. 加强幼儿安全教育

（1）关注体育活动中的安全教育。体育活动中包含有器械练习，器械练习伴随着一定的危险性，而安全问题是体育锻炼中最重要的问题。例如，可以在这些事故发生频繁的户外活动场地和一些设施的操作指导上提出适宜的解决对策，教会幼儿用正确的玩法，适时地给幼儿一定的安全提醒，如设立标签、贴上玩法指导标签等。教师要了解幼儿的年龄特点和所能承受的运动负荷，了解一些基本的运动卫生知识，建立伤害应急机制，快速处理办法。

（2）重视一日生活中各个环节的安全教育。在幼儿园一日生活各个环节的安全教育中，让幼儿了解安全，懂得安全，进而保障幼儿的安全。如建立全日观察制度，保健教师、保育员、教师三位一体的全日观察记录，把观察到的幼儿多发的问题作为幼儿安全教育的内容，将其渗透在体育教学活动中，从而完成安全教育的目标。通过三位一体的循环，即教师"教"、保育员"防"、保健教师"检"，教师可以将体育活动中安全教育的各个要素贯通，使安全教育有效。

八、教学活动设计案例

大班体育活动《我是小小解放军》

【设计意图】

大班幼儿已经具备单手投掷、走斜坡、手脚攀爬网等运动基础，为了进一步提升孩子的运动能力，创设情境，设计了大班体育活动"我是小小解放军"，目的在于通过练习匍匐行进等动作，锻炼孩子大肌肉动作技能，增强孩子们动作的敏捷性和手脚协调能力。活动中孩子们通过扮演解放军，过独木桥，匍匐前进通过敌军设置"电网"，深入敌军地盘，最终炸毁敌军碉堡等活动，体验解放军不怕苦、不怕累，勇于克服困难的品质，从而萌发热爱解放军的情感。

【活动目标】

（1）巩固距离 2 米肩上挥臂投掷，走斜坡、平衡木的技能。

（2）能匍匐前进通过高 0.5 米，长 4 米的"电网"，锻炼大肌肉力量和手脚协调能力。

（3）养成解放军不怕苦，不怕累的品质，萌发热爱解放军的情感。

【活动准备】

（1）经验准备：大班孩子已有较好投掷和平衡能力，并有高处跳下和手脚攀爬网前期经验。在活动前，家长带领孩子参观宜春博物馆红色展馆，了解了宜春解放前夕，解放军围剿敌军的故事，对解放军的精神品质有了初步了解。

（2）物质准备：沙包若干个，楼梯若干，玻璃绳穿上铃铛制成的"电网"，若干仿砖垒成的"敌军碉堡"；音乐《我是一个兵》《小号手之歌》《保卫黄河》和《光荣的凯旋》。

【活动过程】

1. 情境创设，激发幼儿参与活动兴趣

教师：各位小小解放军，刚收到解放军前线传来求救电报，国民党反动派已逃至丰顶山，并抓获一名解放军和多位老百姓为人质。现在，我们的任务是要挺进丰顶山，解救人质并炸毁敌军碉堡。

教师：丰顶山地势险峻，沿途要爬坡过坎，敌军还设置了长达 4 米的"电网"，这也是最难的一关，怎样才能营救我们的人质呢？

幼儿：自由交流讨论。

2. 热身运动，为接下来体育活动做准备

教师：要闯入敌军阵地，我们不仅要熟悉敌军路线，还要抓紧时间强化跑、跳、钻、爬技能练习，在练习技能之前，大家先活动一下身体。

头部动作：双手叉腰，头部跟着节奏做前、两侧、后的摇动。

腿部运动：伸腿、曲腿、伸直、转动脚腕。

队列练习：由四纵排变换成两纵队，再由两纵队围成一个圈，并变换回四纵队。

3. 基本活动，学习匍匐前进动作要领

（1）引导幼儿自由探索通过敌军"电网"的方法。

教师：小小解放军们，现在这里就是敌军布置的"电网"，请你们先自己试一试如何通过电网。（要求：身体不能碰触到电网）

（2）幼儿探索自己通过"电网"方法。

（3）示范并讲解匍匐前进的动作要领。

教师：刚刚大家看了几位小小解放军通过"电网"方法，你们觉得哪一种方法最快速、安全？幼儿回答：匍匐前进。

（4）请个别幼儿示范匍匐前进动作，幼儿观察。

教师：总结并示范讲解匍匐前进的动作要领：身体趴下，屈回右腿，伸出左手，用右腿和左臂的力量使身体前移，同时屈回左腿，伸出右手，再用左腿和右臂的力量使身体继续前移，这样依次交替前进。

（5）全体幼儿集中练习匍匐前进动作，教师巡回指导。

（6）携带"炸药"匍匐前进练习，教师巡回指导。

4. 游戏炸碉堡

其可以帮助幼儿巩固走斜坡、平衡木技能，强化匍匐前进动作经验，体会解放军不怕苦和累的精神。

（1）教师讲解游戏规则，并将幼儿分成两组进行游戏。

教师：小小解放军们，我们已经掌握了通过"电网"方法，现在我们就要解救人质了，你们分两组进攻，通过前方"电网"、独木桥、"陡坡"，将身上带的炸药投掷向距离你们2米远的敌军碉堡，最后炸毁碉堡冲向敌军阵地解救人质，并插上五星红旗。

（2）幼儿分两组进行游戏练习，教师负责指导。

5. 总结、放松活动

（1）教师小结，评价幼儿表现。

教师：大家成功解救了人质，取得了胜利。我们的小小解放军摧毁了敌军碉堡，个个都表现出了军人不怕苦、不怕累，克服困难的品质，希望大家把这些好品质继续发扬下去。

（2）教师带领幼儿在轻音乐中放松身体各个部位，组织幼儿收拾整理场地，结束活动。

【活动延伸】

（1）开展亲子体验活动，组织家长及幼儿参观红色教育基地，开展徒步行，学习解放军叔叔不怕苦、不怕累、坚强勇敢的品质。

（2）在班级表演区，投放解放军作战电影片段，多件红军帽、红军服、红缨枪等红色物件，鼓励幼儿大胆表演红色故事，让幼儿在故事表演中，加深对解放军的了解。

项目二 其他活动设计

学习目标

知识目标：了解多样的幼儿园体育活动。

能力目标：学会设计、组织不同的幼儿园体育活动。

素质目标：培养青年大学生创新意识、合作探究能力，具有良好的教师职业道德和教师情怀。

幼儿阶段因身体各项机能水平发育不成熟，身体素质水平、肢体运动能力较弱，有很多的身体活动需要老师和家长的辅助才能完成。同时，由于幼儿阶段是大脑生长发育迅速的一个关键时期，这一阶段需要家长积极干预，帮助幼儿健康快乐成长。因此，亲子活动是锻炼幼儿身心健康发展的重要方式之一。并且科学合理的幼儿园户外亲子活动能够帮助家园双方树立正确的共育教育观，教师在精心策划活动的过程中深入挖掘社会各方资源、统筹各方力量能够更好地提升户外亲子活动的有效性，也能够帮助幼儿教师树立正确的教育理念，丰富实践活动和教学经验，帮助亲子增进感情，为家长提供交流育儿经验的宝贵平台，有助于幼儿的健康、苗壮成长。

活动案例

我参与我健康我快乐 亲子运动会

【活动由来】

教师与家长都是儿童教育的主体，是合作伙伴的关系，实践证明：亲子活动能帮助家长建立主人翁意识，激发家长与幼儿园、教师合作的积极性；是让家长走进幼儿园，了解幼儿园教育理念的一种有效途径；而且还能为孩子与家长、教师与家长之间架起一座沟通的桥梁。

【活动主题】

以"我参与我健康我快乐"为主题的亲子运动会。

【活动目标】

（1）增进家长与孩子、教师与家长之间的情感交流。

（2）激发幼儿参加体育活动的兴趣，从而发展幼儿动作的协调性和灵活性。

（3）体验与家长合作游戏的快乐，培养幼儿与爸爸妈妈一起克服困难，勇于完成任务的精神。

（4）培养幼儿的集体荣誉感和竞赛意识。

【活动准备】

（1）材料准备：每组的材料不同，请看过程中的具体介绍。

（2）场地准备：幼儿园的院子（分区进行明显的划分）。

（3）分组情况：家长和幼儿按照事前报名的项目及牌号，进行准备。

【运动会过程】

1. 入场式

（1）宣布开幕，主持人宣读"我参与我健康我快乐"亲子运动会主持词。

（2）播放《运动员进行曲》，所有运动员入场。

（3）园长致开幕词。

（4）家长代表讲话。

（5）幼儿代表讲话。

（6）幼儿团体武术操表演。

2. 比赛开始

每组的裁判员教师进入自己负责的赛区，介绍比赛方法、规则、注意事项等。

游戏一：运球投篮赛

1. 准备

小皮球若干、投篮筐3个、1.5米宽的赛道3条、起点和终点的标志。

2. 过程

（1）幼儿与家长想办法从起点位置拿球，利用双方的身体接触来运球，沿着赛道到达指定地点。

（2）幼儿按照投掷的基本动作，向前方的球筐投球。

（3）家长与幼儿手拉手按原路跑回起点并继续游戏。在规定的时间内投进球多的那组为获胜组。

3. 规则

（1）运球时不能用手拿。

（2）若中途球掉了，可以把球捡起来继续游戏。

游戏二：齐心协力

1. 准备

大纸箱做成的坦克3个、起点和终点的标志各一个。

2. 过程

（1）幼儿与家长在起点位置准备好，听到信号后，两个人同时钻进坦克里。

（2）两个人同时用手膝着地爬的动作滚动坦克，沿着赛道到达终点。

（3）家长与幼儿钻出坦克，把坦克放于固定位置，家长与幼儿面对面，家长抱住幼儿，幼儿的双脚分别踩在家长的脚背上，一起沿着原路返回。

（4）哪组先到达起点就为获胜组。

3. 规则

（1）在滚动坦克时手脚不能出坦克。

（2）在返回过程中，幼儿的脚必须踩在家长的脚背上，不能掉下或悬空。

游戏三：摘礼物

1. 准备

自制的软梯 3 个、自制的布袋 3 个、梅花桩 10 个、悬挂不同高度的礼物若干（高处的分数高）、起点和终点的标志。

2. 过程

（1）幼儿与家长在起点位置准备好，家长手里拿着布袋，听到信号后，一起用单脚跳过软梯。

（2）走过布置好的迷阵（梅花桩）。

（3）来到采摘区，家长要想办法把幼儿举高，摘到礼物，装在布袋里。

（4）家长一手拿布袋，一手拉着幼儿跑回起点，继续游戏，直到规定时间到

（5）最后，幼儿餐礼物的分数，家长监督，分数高组就为获胜组。

3. 规则

（1）幼儿跳软梯时不能双脚着地。

（2）走梅花桩的迷阵时，不能掉下，否则便要重来。

（3）摘礼物时，家长不能用手摘，要想办法让幼儿摘到高处的礼物。

游戏四：抬轿子（父母全程参与）

1. 准备

卡通形象的凉帽若干、起点和终点的标志。

2. 过程

（1）父母用双手互相搭好轿子，让幼儿的双脚从两边伸下，坐好。

（2）听到开始，父母抬着幼儿沿着赛道往终点跑。

（3）到达终点后，幼儿下来，挑选 3 个自己喜欢的帽子，分别戴在父母与自己的头上。

（4）父母与幼儿面对面，幼儿的双脚分别踩在父母的脚上，三人一起配合按照原路返回，先到达起点的为获胜组。

3. 规则

（1）幼儿想办法摘帽子（家长不能参与）。

（2）在返回的路上，幼儿的双脚不能掉下或悬空。

4. 颁奖

统计得分情况，获奖者上台领奖。

5. 主持人致闭幕词

6. 家长幼儿与教师合影留念

【活动反思】

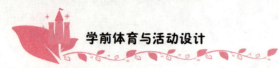

👐 **思 考 题**

1. 体育课的结构包括哪几个部分？

2. 教师在学前儿童体育课教学内容上应做好哪些教学准备？

3. 学前儿童体育课常用的教学方法有哪些？

4. 设计一个以锻炼大班幼儿腿部力量为主要内容的体育课教案。

参 考 文 献

［1］王占春. 幼儿园体育的理论与方法［M］. 北京：人民教育出版社，2002.

［2］教育部基础教育司. 幼儿教育指导纲要（试行）解读［M］. 南京：江苏教育出版社，2002.

［3］季浏. 体育心理学［M］. 北京：高等教育出版社，2006.

［4］常青. 学前心理学［M］. 南昌：江西高校出版社，2009.

［5］马凌. 体育游戏［M］. 北京：人民教育出版社，2007.

［6］赵丽丽. 幼儿卫生与保健［M］. 北京：中国劳动社会保障出版社，2014.

［7］黄衍霞. "趣味乐运动会"，师生共受益［J］. 学周刊（B），2010（11）：206.

［8］刘雯雯，刘惠文. 山西大学运动训练三级跳运动员起跳步与摆臂提升成绩的研究［J］. 体育科技文献通报，2018，26（8）：87-88.

［9］赵凤俊. 开展趣味乐运动会，促进幼儿身心健康发展［J］. 学周刊（B），2012（1）：206-207.

［10］张雪琴. 体育教学中幼儿体力活动的实施方法研究［J］. 体育科技文献通报，2018，26（8）：76，88.

［11］李岩萍. 在园幼儿意外伤害事故的成因及对策分析［J］. 内蒙古教育，2020（5）：39-40.

［12］高吉林. 浅谈如何加强幼儿园安全教育［J］. 空中美语，2021（10）：950-951.

［13］张顺强. 浅析如何发挥游戏在初中体育教学中的构架作用［J］. 考试周刊，2021（80）：106-108.

［14］吕慧敏，查春艳，董翠香. 核心素养导向下的体育学习目标设计［J］. 体育教学，2020，40（6）：18-21.

［15］周琴. 现代游戏器具在体育活动中发展小二学生动态视力的教学化研究［D］. 苏州：苏州大学，2020.

［16］刘妍妍. 兰州市住区幼儿园与周边环境整合策略研究［D］. 兰州：兰州交通大学，2020.

［17］陶宏，季艾俐. 幼儿趣味体操［M］. 上海：华东师范大学出版社，2021.